NLP

Mentale Ressourcen nutzen

Barbara Seidl

Haufe

Inhalt

NLP – was ist das? 5

- Wofür der Begriff steht 6
- Die 15 Grundannahmen im NLP 12
- So funktioniert unsere Wahrnehmung laut NLP 22

NLP-Technik 1: Wie Sie Kontakt herstellen 33

- Rapport als Basis gelungener Kommunikation 34
- In drei Schritten zu einer besseren Verständigung 37
- Durch Wahrnehmungspositionen die Perspektive wechseln 49

NLP-Technik 2: Ziele erreichen, Ressourcen nutzen 59

- Die Zielarbeit im NLP 60
- Neun Regeln für wohlgeformte Ziele 62
- Persönliche Ziele erreichen 72
- Mit der Ankertechnik Ressourcen nutzen 75

NLP-Technik 3: Sprache als wirkungsvolles Instrument einsetzen 83

- Warum die Verständigung mittels Sprache funktioniert 84
- Mit Sprache über Sprache reden 87
- So stellen Sie die richtigen Fragen 91

NLP-Technik 4: So gelingen Veränderungen 103

- Was soll anders werden? 104
- Die Wahrnehmung durch Submodalitäten steuern 109
- Drei NLP-Methoden für erfolgreiche Veränderungen 114

- Stichwortverzeichnis 124

Vorwort

Das Neuro-Linguistische Programmieren, kurz NLP, kommt in vielen Bereichen zum Einsatz: in Beratung, Therapie, Medizin, beim Lernen und immer häufiger im Businessbereich. Wo immer zwischenmenschliche Beziehungen und Prozesse stattfinden, greifen Menschen auf NLP-Techniken und -Modelle zurück, um eine wertschätzende Kommunikation zu erreichen.

Dieser TaschenGuide gibt Ihnen einen kurzen, verständlichen Überblick über NLP und beschreibt die wichtigsten, grundlegenden Techniken. Was umfasst der Begriff und welche Einsatzgebiete gibt es für das Neuro-Linguistische Programmieren? Welche Ziele verfolgen Menschen, die NLP anwenden? Welche Methoden stehen dahinter und wo liegen die Grenzen?

Womöglich kommen Ihnen einige der Techniken bekannt vor oder Sie stellen fest, dass Sie diese in Ihrem Berufs- und Privatleben bereits unbewusst einsetzen.

Vielleicht macht Ihnen dieser TaschenGuide Appetit auf mehr. Ich lade Sie ein, die Modelle – und damit die wertschätzende Kommunikation mit Ihrem Umfeld – kennen zu lernen und bewusst zu nutzen.

Ihre Barbara Seidl

NLP – was ist das?

Was umfasst der Begriff NLP – Neuro-Linguistisches Programmieren?

Im folgenden Kapitel lesen Sie,

- wie NLP entstanden ist (S. 10),
- wo seine Grenzen liegen (S. 11),
- auf welchen Grundannahmen NLP beruht (S. 12) und
- wieso die Sprache eines Menschen viel über seine Sicht der Welt verrät (S. 24).

Wofür der Begriff steht

Pausenlos, zu jeder Zeit laufen kommunikative Prozesse ab: auf der sprachlichen Ebene über Worten und Sätze, aber auch auf der so genannten nonverbalen Ebene mittels Bilder, Gesten und Bewegungen – man kann nicht nicht kommunizieren. Dabei geht es nicht nur um die Person, die die Signale und Botschaften aussendet. Vielmehr stellt sich die Frage, wie diese beim Empfänger ankommen: Wichtig ist nicht, was jemand sagt, sondern was der Gesprächspartner versteht, was er verstehen kann oder will. NLP, also das Neuro-Linguistische Programmieren, fragt, wie das Verständnis und damit die Kommunikation verbessert werden kann.

Vor diesem Hintergrund beschäftigt sich NLP damit, auf welche Weise das menschliche Gehirn Impulse der Außenwelt verarbeitet, Sinnesreize wahrnimmt, bewertet und verknüpft. Jeder Mensch hat seine eigene, subjektive Wahrheit und individuelle Art der Verarbeitung – auch in Bezug auf die Kommunikation mit anderen Menschen.

Weiter hat NLP die Fähigkeiten von Menschen und das Lernen dieser Fähigkeiten zum Gegenstand. Wer sich erfolgreiche Personen zum Vorbild nimmt, sie modelliert (sie also zum Modell macht) und ihr Verhalten kopiert, wendet bereits eine wirkungsvolle NLP-Technik an. NLP bietet Erklärungsmodelle und Strategien,

- um erfolgreich mit sich selbst und mit anderen zu kommunizieren,
- um mit Sprache richtig umzugehen,

- die eigenen Wahrnehmungsfähigkeiten zu trainieren und zu verfeinern,
- Ziele zu formulieren und diese durch effizientes Denken und Handeln zu verwirklichen,
- alle persönlichen Fähigkeiten einzusetzen,
- flexibel auf Veränderungen zu reagieren,
- durch veränderte Sicht- und Denkweise neue, effizientere Handlungs- und Beurteilungsmodelle zu erhalten.

Informationen aufnehmen und verarbeiten

Das „N" in NLP steht für „Neuro". Alle Wahrnehmung kommt bei Menschen über die fünf Sinne an. Bilder, Farben und Formen lösen visuelle Reize in den Augen aus, Geräusche, Klänge, Lärm stimulieren als akustische Reize die Ohren. Die Zunge leitet Geschmacksinformationen an das Gehirn weiter, die Nase liefert Botschaften über Gerüche und die Haut Mitteilungen mithilfe des Tastsinns.

Informationen sinnvoll zusammenfügen

Das Gehirn verarbeitet diese äußeren sensorischen Informationen in neuronalen Prozessen und Regelkreisen, speichert sie ab und verknüpft sie mit schon vorhandenen Daten. Die laufend eintreffenden Botschaften werden gefiltert mit bereits gemachten Wahrnehmungen und Erfahrungen verglichen und bewertet. All dies geschieht unbewusst und in Bruchteilen von Sekunden.

Beispiel für die sinnliche Wahrnehmung

Das Auge übermittelt an das Gehirn: längliche, weiße „Fäden" umgeben mit einer roten Soße auf einem Teller. Die Nase fügt hinzu: Geruch von Tomaten, Basilikum und Nudeln. Die Haut sendet das Empfinden von Hitze weiter und die Zunge sagt, Geschmack von Tomaten, Basilikum und Nudeln, etwas fad. Das Gehirn fügt nun alle Botschaften zur Information zusammen: frische Spaghetti mit Tomatensoße, an denen Salz fehlt.

Wahrnehmungen haben Konsequenzen

Die inneren, neuronalen Vorgänge haben Auswirkungen auf den Menschen. Sie beziehen sich auf den gesamten Lebensprozess: auf Sinneswahrnehmungen, Gefühle, das Denken, das Verhalten, die Handlungen, Bewegungen, physische und biologische sowie alle psychischen Vorgänge.

Beispiel für mögliche Auswirkungen

Durch die Information „Essen" läuft dem Menschen das Wasser im Mund zusammen. Im Beispiel greift er eventuell zum Salzstreuer. Handelt es sich um seine Lieblingsspeise, verbessert sich womöglich seine Laune.

Umsetzen in Sprache

„L" ist die Abkürzung für „Linguistisch". Diese NLP-Komponente meint die Verarbeitung und den Einsatz von Sprache, die in gesprochener oder geschriebener Form als Reiz bei Ohren oder Augen ankommt.

Informationen werden gefiltert

Die Fülle der im Gehirn ankommenden Botschaften wird gefiltert und verkürzt. Auch wenn verschiedene Personen Gleiches wahrnehmen, verarbeiten sie es unterschiedlich.

Beispiel für die verkürzte Wahrnehmung

Das Auge nimmt noch mehr wahr: etwa die Krümel auf dem Tisch und den Kellner, der Weingläser holt. Das Gehirn blendet dies aus, weil es für die Information „Spaghetti" nicht relevant ist. Jemand, der auf seine Getränke wartet, wird statt dessen vielleicht auf den Kellner achten.

Sprache offenbart Filterprozesse

Egal, wie effizient Menschen mit Sprache umgehen, sie können damit aufgrund der Informationsfülle nicht alles ausdrücken. Deshalb kann Sprache nur einen kleinen Teil dessen wiedergeben, was an Emotionen, Denk- und Verarbeitungsprozessen zur Verfügung steht. Blendet das Gehirn bestimmte Fakten aus, spiegelt sich dies in der Sprache wider. Allerdings gehört zum Ausdruck nicht nur die gesprochene oder geschriebene Sprache, sondern auch die Körpersprache – also Gestik, Mimik, Körperhaltung und Botschaften, die der menschliche Körper sendet (s. Seite 35 f.).

Sprache hat mit Denken, Vorstellung und Logik zu tun. Sie spiegelt, welche Reize jemand wie verarbeitet und welche Bewertungsspielräume er ausnutzt. Ziel von NLP ist u. a., diese subjektiven Vorgänge bewusst zu machen.

Wechselbeziehung ausnutzen

Das Nervensystem und die in Sprache übertragenen Erfahrungen und Bewertungen beeinflussen sich wechselseitig. „P" für „Programmieren" steht für eben diese Wechselwirkung. „Programme" sind Denkmodelle, Muster und individuelle Konzepte, wie ein Mensch Sinnesreize verarbeitet und sein individuelles Modell der Welt konstruiert. Sind die aktuell genutzten Programme und Muster hilfreich und unterstützend, gibt es keinen Anlass, sie zu verändern. Erlebt und erkennt der Mensch jedoch durch die Muster Einschränkungen, ist ein „Neuprogrammieren“ wichtig, z. B., indem die Filterprozesse offen gelegt werden. Mithilfe von NLP-Techniken wollen Anwender

- bessere, nützlichere neue Programme und Lernprozesse kennen lernen und einsetzen,
- Erleichterung schaffen und
- Aufgaben erfolgreich bewältigen und zu ihrer Lösung beitragen.

Wie ist NLP entstanden?

Neuro-Linguistisches Programmieren ist eine vergleichsweise junge Disziplin. Die Gründer, Richard Bandler (*1950), ein Mathematikstudent, und Dr. John Grinder (*1939), Professor der Linguistik, erkannten Anfang der 70er Jahre in den USA ihr gemeinsames Interesse an Sprache, den dahinter liegenden Prozessen und an der Art und Weise wie hervorragende Ergebnisse in der menschlichen Kommunikation erzielt werden. Sie studierten und analysierten das Kommunikationsverhalten von drei besonders erfolgreichen Therapeuten: des deutschen Psychiaters Fritz Perls, der Familientherapeutin Virginia Satir und des Psychiaters und Hypnosetherapeuten Milton H. Erickson. Dabei stellten sie bei allen ähnliche, herausragende Fähigkeiten fest und modellierten die menschliche Exzellenz dieser drei Personen, d. h. nahmen sie und ihr

Verhalten zum Modell. NLP verbindet viele Einflüsse, z. B. die Systemtheorie von Gregory Bateson und die Kommunikationstheorie von Paul Watzlawick. Es ist kein fertiges, abgeschlossenes System, sondern entwickelt sich ständig weiter.

Wo liegen die Grenzen des NLP?

Auch wenn es zunächst einmal keine Beschränkungen für eine wertschätzende Kommunikation mit dem Gegenüber gibt, ist manchmal doch Vorsicht geboten.

Was kann der Anwender leisten?

NLP arbeitet in vielen Fällen auf der unbewussten Ebene und bringt in der Regel schnelle Veränderungen und Lösungen. Wenn das Wissen darüber jedoch ausschließlich aus Büchern oder Ein-Tages-Seminaren stammt, sind die persönlichen Grenzen schnell erreicht. Viele Anliegen und Themen erweisen sich bei genauerer Betrachtung als tiefes Persönlichkeitsproblem oder psychische Erkrankung. Solche Fälle gehören in die Hände von Psychologen oder Psychotherapeuten.

NLP ist kein Wundermittel

In einigen Fällen ist in der Öffentlichkeit ein schiefes Bild von NLP entstanden, weil es als allein selig machende Methode nach dem Motto „alles ist machbar" angepriesen wurde. Solche reißerischen Äußerungen schaden NLP und sind weit mehr verkaufsfördernde Werbeslogans als zutreffende Aussagen. Seriösen Trainer, Coachs und Berater sind umfassend ausgebildet und setzen NLP als eine von mehreren Methoden und Wahlmöglichkeiten ein.

Ist NLP eine Form der Manipulation?

Wer sich mit NLP beschäftigt, sieht sich schnell mit dem Vorwurf der Manipulation konfrontiert. Kritische Stimmen werfen NLP vor, es sei egoistisch, manipulativ und unethisch, denn es stelle persönliche Interessen in den Vordergrund.

Wertneutral betrachtet ist jede Handlung und Kommunikation „Manipulation". Das ist ja der Grund, etwas zu tun oder zu sagen: mit jemandem in Kontakt zu treten, etwas beim anderen zu veranlassen. Vielmehr stellt sich die Frage, auf wessen Kosten etwas getan wird. Wer sein Gegenüber täuscht, agiert zu dessen Lasten. Wenn Nutzen, Vor- und Nachteile für den Kommunikationspartner nicht beachtet werden, ist jede Aktion negativ manipulierend. NLP dagegen will so genannte Win-Win-Situationen schaffen: bewusste Einflussnahme, hilfreiche Handlungen im Sinne einer gelungenen Kommunikation zu beiderseitigem Nutzen.

Die 15 Grundannahmen im NLP

Die so genannten Grundannahmen beschreiben grundlegende und nützliche Theorien, wie hervorragende Kommunikation funktionieren kann.

1. Menschen sind einzigartig und erleben die Welt auf unterschiedliche Art und Weise.

Menschen unterscheiden sich, jeder ist für sich genommen einmalig. Allerdings neigen Menschen dazu, sich selbst als Maßstab zu sehen, von ihrer eigenen Welt auszugehen.

Beispiel für voreingenommenes Handeln

Herr Meier, ein technikbegeisterter Verkäufer denkt, seine Kunden wollten so beraten werden, wie er selbst es schätzt. Kunden, für die Emotionen eine Rolle spielen, kann er allerdings durch seine Beratung nur schwer gewinnen.

Die Einzigartigkeit des anderen zu akzeptieren heißt, seinen Wert anzuerkennen, ihm und seiner Individualität Respekt entgegenzubringen. Es gilt, Unterschiedlichkeit zuzulassen, zu würdigen und „anders sein" nicht mit „besser" oder „schlechter" zu bewerten. Zudem bedeutet es auch, dass jeder Mensch seine Umgebung anders aufnimmt und aus den vielen Reizen nach eigenen Kriterien auswählt. Das Resultat sind individuelle Bilder, Prioritäten und Schlussfolgerungen, die respektvoll nebeneinander stehen können.

2. Geist, Körper und Umwelt bilden ein System, das sich wechselseitig beeinflusst

Die geistige Einstellung des Menschen beeinflusst sein psychisches und physisches Wohlbefinden, sein Verhalten wirkt auf sein Denken. Variiert man in diesem System einen Teil, ändert sich das ganze System vergleichbar einem Mobile.

Beispiel für die Wechselwirkung von Geist, Körper und Umwelt

Ein Mensch, der beginnt, sich intensiv mit dem Umweltschutz auseinander zu setzen, nimmt in seiner Umgebung andere Dinge wahr als zuvor. Ihm fallen z. B. bauliche Maßnahmen an Flüssen auf. Seine Gedanken und Emotionen spiegeln sich dann in seinem unzufriedenen Gesichtsausdruck und seiner Haltung (Einfluss auf den Körper) und er engagiert sich künftig in einer entsprechenden Bürgerbewegung (Einfluss auf die Umwelt).

3. Jedes Verhalten ist Kommunikation

Jedes Verhalten enthält Botschaften an das Gegenüber – gleichgültig, ob es sich um sichtbare Bewegungen, Gesprochenes, Körperhaltungen oder um „Nicht-Verhalten" wie z. B. Schweigen handelt. Die Handlungsweise einer Person ist der einzige sichtbare, hörbare und erlebbare Hinweis auf die neurologischen, innerlich ablaufenden Verarbeitungsprozesse. Fähigkeiten und Werte eines Menschen sind nicht direkt wahrnehmbar, sondern nur durch seine spezifischen Handlungen erkennbar und erfahrbar. Alles andere ist Vermutung, Wertung und Interpretation.

4. Die Bedeutung der Kommunikation ergibt sich aus der Reaktion, die sie hervorruft

Hier geht um eine entscheidende Frage, nämlich: Wer ist der Verursacher guter, gelungener oder schlechter Kommunikation – der Sender einer Nachricht oder derjenige, der eine Nachricht aufnimmt? „Das hast Du falsch verstanden" und „Ich habe mich ungenau ausgedrückt" spiegeln als Aussagen die beiden gegensätzlichen Pole wieder. Treten in der Kommunikation z. B. unerwünschte Reaktionen auf, bringt es wenig, dem Empfänger die Schuld zuzuweisen. Vielmehr muss der Sender Aussagen und Formulierungen so übermitteln, dass der Adressat sie in seinem Sinne versteht.

> Wichtig ist der Empfänger, nicht der Sender. Es geht nicht um die Absicht des Letzteren, nicht darum, was er sagen will, sondern darum, was beim Gesprächspartner ankommt, was dieser verstehen kann und will. Der Sender muss Verantwortung für seine Kommunikation übernehmen.

5. Menschen orientieren sich an geistigen Landkarten

Eine Landkarte ist nie die tatsächliche Landschaft, ebenso wie die Speisekarte nicht das Essen ist oder die Partitur nicht die Musik. Sie ist ein Abbild der Wirklichkeit, ein Modell der Wirklichkeit. Die Landkarte zeigt dem Benutzer, wo er sich befindet, welche Gebiete wo liegen und wie weit es z. B. bis zum Ziel ist. Dies gilt nicht nur für Straßenkarten, sondern auch für das Zurechtfinden in der Welt allgemein.

In geistigen Landkarten und Modellen werden die Sinneseindrücke gespeichert. Sie sind nicht die reale Welt, ermöglichen aber, sich darin zurechtzufinden. Jeder verfügt über andere geistige Landkarten, die nicht besser oder schlechter sind als die anderer Personen. Menschen haben z. B. so genannte Wahrnehmungspräferenzen, d. h., sie benutzen ihre Sinnesorgane und bewerten die Reize verschieden (s. Seite 22 ff.). Diese Unterschiede sind oft der Grund für Konflikte und Missverständnisse. Der erste Schritt zur Verständigung und zur erfolgreichen Kommunikation ist, die Landkarte des Gegenübers kennen zu lernen und zu verstehen (s. Seite 53 ff.)
Verschiedene Landkarten zeigen sich in der Sprache: Wörter werden unterschiedlich benutzt bzw. mit anderen Inhalten verknüpft.

Die Brauchbarkeit geistiger Landkarten richtet sich danach, für welchen Zweck sie benutzt werden. Menschen richten bewusst oder unbewusst ihr individuelles Handeln nach diesen Landkarten aus. Sie können die Realität nicht verändern, wohl aber ihr geistiges Abbild: Maßstäbe, Bewertungen, der

Einsatz verschiedener Karten für verschiedene Ziele – gelingt es dem Anwender, hier zu variieren, steigt der Nutzen der Karten. Das Potenzial der Landkarten steckt in den nicht genutzten, individuellen Wahlmöglichkeiten.

Beispiel für Veränderungen an geistigen Landschaften

Herr Keller hat deutliches Übergewicht. Schon als Kind haben ihn seine Eltern mit Süßigkeiten getröstet. Immer wenn er unter Druck gerät, greift er zur Schokolade – seine geistige Landkarte zeigt diesen Weg aus Stresssituationen. Gelingt es ihm, seine Landkarte so zu verändern, dass sie andere Wege zeigt, kann er sich viele Kalorien sparen.

6. Es ist besser, Wahlmöglichkeiten zu haben als keine zu haben

Egal, ob es sich um die Wahl aus einem großen Warenangebot oder zwischen verschiedenen Reaktionsmöglichkeiten handelt: Es ist gut, wenn man die Wahl hat. Mit NLP-Methoden sollen neue Spielräume und Alternativen geschaffen werden. Eine echte Wahl besteht aber erst bei mindestens drei unterschiedlichen Möglichkeiten:

- Steht nur ein Weg zur Verfügung, bedeutet dies einen Zwang, ein Muss.
- Zwei Möglichkeiten sind zwar besser als ein Zwang, aber es entsteht ein Dilemma: die Entscheidung für etwas oder dagegen, ein Entweder-Oder.
- Erst ab drei und mehr Alternativen besteht eine wirkliche Wahl, eine freie Entscheidung.

Beispiel für Wahlmöglichkeiten

Herr Keller schafft sich Handlungsalternativen: Außer auf Schokolade setzt er in Stresssituationen nun auch auf Entspannungsübungen oder Bewegung. Von Fall zu Fall kann er neu entscheiden.

7. Menschen treffen die beste Wahl aus dem, was ihnen momentan zur Verfügung steht.

Jeder Mensch hat seinen persönlichen Lebensweg. Dabei hat er gelernt, was er tun kann und wie er aktuell bestmöglich vorgeht. Das, was den größten Nutzen stiftet, kommt zur Anwendung. Bewertet der Mensch den Nutzen als nicht ausreichend oder stößt er auf Probleme, muss er neue, bessere und für die Aufgabe geeignetere Handlungsalternativen erarbeiten.

8. Jedes Verhalten ergibt Sinn

Das heißt, Menschen funktionieren in ihrer individuellen Welt und Landkarte stets richtig. Vielleicht erschließt sich einem Betrachter der Sinn nicht immer, aber aus der Sicht des Handelnden ist er vorhanden.

9. Jedem Verhalten liegt eine positive Absicht zugrunde

Diese NLP-Grundannahme stößt oft auf Skepsis. Wie kann ein Verhalten positiv sein, das für andere Menschen negative Auswirkungen hat, z. B., wenn eine Mitarbeiterin ihre Kollegin absichtlich nicht informiert? Diese Grundannahme trennt das Verhalten einer Person von ihrer Absicht. D. h., vor dem Hintergrund der individuellen Landkarte des Handelnden ist das Verhalten richtig und nutzbringend. Den – oft unbewussten – Nutzen, der hinter einem unproduktiven Verhalten steht, bezeichnet man als Sekundärgewinn.

Beispiel für einen Sekundärgewinn

Ein Schüler, der den Unterricht stört, will vordergründig die unbeliebte Lehrerin ärgern, tatsächlich aber vor seinen Schulkameraden besonders „cool" wirken und von ihnen anerkannt werden.

Es gilt, die positive Absicht und den Sekundärgewinn hinter einem Verhalten zu erkennen. Dadurch eröffnen sich Möglichkeiten, wie diese auf einfachere, positivere Weise erreicht werden können. Das ist der Ansatz, um aus negativem oder zerstörerischem Verhalten und unproduktiven Beziehungen Veränderungen herbeizuführen.

10. Jedes Verhalten ist in einem bestimmten Kontext nützlich

Ein Verhalten wird in einer bestimmten Situation gelernt und angewendet. Dann ist es angemessen und hilfreich. Häufig werden Verhaltensweisen allerdings auf andere Zusammenhänge, Orte und Zeiten übertragen, in denen sie nicht mehr angemessen sind und zu negativen Konsequenzen führen. Ziel ist es, in jedem Kontext die dazu angemessene, passende Handlung auszuführen.

Beispiel für die Abhängigkeit vom Kontext

Ein Angriff kann in einigen Situationen sinnvoll sein, etwa wenn Gefahr für Leib und Leben droht. In anderen Fällen kann er eine Straftat darstellen.

11. Menschen besitzen alle Ressourcen, die sie für Veränderungen brauchen

Jeder besitzt eine Vielzahl an Fähigkeiten und Ressourcen, die er nicht voll ausschöpft. Kern dieser sehr positiven Annahme ist, dass Menschen lernen, wachsen und ihre Potenziale voll nutzen können.

Beispiel für Ressourcen

Beate ist eine gute Schülerin. Nur im Fach Deutsch gibt es Schwierigkeiten, da die Rechtschreibung nicht passt. Beate bevorzugt beim Lernen den Wahrnehmungskanal „Ohr". Sie spricht sich die Sätze im Geist vor, lässt sich von dem Klang leiten und schreibt einige Wörter so, wie sie sie hört. Ein Rechtschreibtraining setzt bei ihr bei der Entwicklung der anderen, weniger häufig eingesetzten Sinnesorgane an. Sie lernt, sich Bilder und Formen vorzustellen, Bewegungen, Schwungübungen zum Worttraining zu verwenden.

12. Alles was der Mensch kann, ist erlernbar

NLP geht davon aus, dass alles, was jemals ein Mensch gelernt und exzellent beherrscht hat, auch jeder andere lernen kann. Exzellentes Verhalten kann sozusagen von anderen abgeschaut, nachempfunden werden. Motivation, Dynamik, Entscheidungsfähigkeit, Kreativität, Selbstvertrauen und andere Fähigkeiten sind erlernbar. Die ersten Schritte im NLP basieren auf dieser Grundannahme. Es geht darum, von einem Modell zu lernen und im Verlauf des Lernvorgangs die gleichen neurologischen Prozesse zu durchlaufen, die gleichen geistigen Landkarten zu benutzen wie das Modell. Erfolg und Exzellenz haben eine Struktur – und diese ist erlernbar.

13. Es gibt kein Versagen, nur Feedback

Ein Fehler ist eine Rückmeldung, er benennt die Abweichung vom gewünschten Ziel. Wenn Menschen ihn als Chance begreifen, verändert sich die Perspektive. Aus diesem Blickwinkel sind Fehler die Grundlage für Lösungen. Denn sie definieren den Grad der weiteren Nachbesserungen, zeigen den Weg zum Ziel auf.

Checkliste: Wie aus Fehlern Chancen werden

Fragen, die Sie sich stellen sollten
▪ Was wurde bis jetzt erreicht?
▪ Was kann ich daraus lernen?
▪ Was klappt schon gut?
▪ Was gibt es noch zu tun?
▪ Was kann ich anstelle der bisherigen Lösung tun?
▪ Welche Spielräume sind noch vorhanden?
▪ Welche Alternativen auf dem Weg zum Ziel gibt es?
▪ Wofür ist der jetzige Zustand eine Chance?

14. Wenn das, was du tust, nicht funktioniert, tue etwas anderes

Diese Grundannahme gilt natürlich nur dann, wenn jemand Wahlmöglichkeiten hat. Viele Menschen wenden bei Problemen weiter ihr bisheriges Verhalten an und verstärken es sogar, sie werden z. B. in einem Gespräch noch lauter, wenn Verständnisschwierigkeiten bestehen. Meist bringt ein solches Vorgehen wenig. Flexibilität – also etwas ganz anderes tun – bringt häufig die Lösung. Die persönliche Entwicklungschance liegt darin, eben jene zusätzlichen Spielräume zu schaffen.

Diese Sichtweise führt heraus aus dem Schuldprinzip: Nicht der andere ist schuld an meiner Situation. Ich erwarte nicht, dass sich meine Umwelt ändert, damit etwas Positives geschieht. Ich übernehme selbst die Verantwortung und verändere mein Verhalten.

Beispiel für Handlungsalternativen

Das Verhalten einer Mitarbeiterin bereitet dem Abteilungsleiter Thomas Hoch Kopfschmerzen. Anweisungen, die er seiner Meinung nach klar formuliert hat, hält diese Kraft nicht ein. Häufig denkt Hoch, „Das habe ich ihr schon hundert Mal erklärt" – doch hundert Mal gleich und so erzielt er immer gleiche Ergebnisse. Die Lösung des Problems liegt in der Veränderung seines eigenen Verhaltens. Er kann z. B. die Anleitung jemand anderem übertragen, Abläufe verändern oder die Kollegin auf eine entsprechende Fortbildung schicken.

Der flexible Umgang mit Handlungsalternativen gilt auch für die NLP-Grundannahmen selbst: Hilft eine Annahme in der vorliegenden Situation nicht mehr weiter, ist es sinnvoll, etwas anderes, Nützlicheres anzunehmen. NLP-Grundannahmen sind nicht die Wahrheit, sondern müssen durch persönliche Erfahrungen und die eigenen Sinne überprüft werden.

15. Das flexibelste Element in einem System kontrolliert das System

Flexibel sein heißt, über zahlreiche Wahlmöglichkeiten zu verfügen. Diejenige Person, die die höchste Flexibilität beweist, die neue Vorschläge einbringt, ist am ehesten in der Lage, einen festgefahrenen, lähmenden Zustand zu beenden. Je mehr Handlungsalternativen jemand parat hat, desto einfacher wird er die gewünschte Reaktion beim Kommunikationspartner erlangen.

Beispiel für Lösungsvorschlag durch Flexibilität

In einem Meeting hat sich eine Diskussion festgefahren, keiner der Teilnehmer ist bereit, nachzugeben. Eine Person aus der Runde ergreift die Chance, neue Denkweisen, Methoden oder Veränderungen vorzuschlagen. Das kann eine kurze, kreative Pause sein, die Veränderung der Sitzpositionen, das Hinzuziehen eines Moderators o. Ä. Dieser Kollege erweist sich als das flexibelste Element der Gruppe und ermöglicht durch seine Vorschläge, die Situation zu entwirren. Damit beeinflusst er das System maßgeblich.

So funktioniert unsere Wahrnehmung laut NLP

Theorien darüber, wie der Mensch denkt, gibt es viele. NLP nimmt an, dass er dafür innerlich die Sinne nutzt, d. h., wenn wir denken oder uns erinnern, sehen wir Bilder, hören Klänge, riechen und schmecken und spüren Berührungen. Das bedeutet, dass alle mentalen Prozesse mit sinnlichen Elementen erfahrbar und gestaltbar sind. Vorbedingung ist, dass Inhalte über die Sinne aufgenommen, verarbeitet und dadurch zu so genannten Repräsentationssystemen werden: Die Repräsentation im Gehirn dessen, was wir über die Sinne wahrgenommen haben, bildet die Grundlage des Denkens.

Wie wir uns die Welt erschließen

Alles, was wir von der Welt erfassen, nehmen wir über die fünf Sinne wahr. Sie befähigen uns, unterschiedliche Impulse, Informationen und Reize aufzunehmen.

	Bezeichnung	Wahrnehmung	Gegenstand
V	Visuell	Augen – sehen	Bilder, Farben, Bewegungen, Muster, Symbole
A	Auditiv	Ohren – hören	Geräusche, Töne, Klangfarbe
K	kinästhetisch	Haut – fühlen	Gefühl, Druck, Temperatur
O	olfaktorisch	Nase – riechen	Gerüche
G	gustatorisch	Zunge – schmecken	Geschmacks-richtungen (bitter, süß, sauer, salzig)

Menschen wählen aus der Flut der Reize aus

Das Bewusstsein ist nicht in der Lage, alle Reize, die bei den Sinnesorganen ankommen, auch aufzunehmen und zu verarbeiten. Ähnlich wie bei einem Trichter werden die Eindrücke verengt und gefiltert, eine subjektive (meist unbewusste) Selektion findet statt. Nur die ausgewählten Informationen gelangen zur Verarbeitung an das Gehirn, das sie bewertet, mit bisher gemachten Erfahrungen vergleicht, mit bereits vorhandenen Inhalten verknüpft und so in das persönliche mentale Repräsentationssystem einsortiert und speichert.

Ob das Repräsentationssystem eher auf visuellen, auditiven oder anderen Eindrücken beruht, ist individuell verschieden. Einige Menschen bevorzugen bestimmte Sinneskanäle, während sie andere Zugänge weniger einsetzen oder diese manchmal „verstopft" vorfinden. Dabei ist kein Repräsentationssystem besser oder schlechter. Selbst eine Person kann je nach Kontext die Art und Weise der Wahrnehmungsverarbeitung variieren, (z. B. im Beruf und im Privatbereich oder bei der Ausübung eines Hobbys).

Beispiel für die kontextabhängige Wahrnehmungsverarbeitung

Ein Produktionsleiter nimmt in einer Fabrikhalle den Lärmpegel kaum wahr, er beobachtet genau, achtet auf Bewegungen und Lichter am Schaltpult. Geht er jedoch abends seinem Hobby – dem Chorsingen – nach, registriert er die Stimmen seiner Mitsinger sehr genau.

Je nachdem, welchen Wahrnehmungskanal und welches Repräsentationssystem ein Mensch vorrangig benutzt, spricht man im NLP vom visuellen, auditiven oder kinästhetischen Typ. Schmecken und Riechen spielt in unseren Breiten eine geringere Rolle. Es gibt auch „Mischtypen", die zwischen zwei Kanälen situativ wechseln.

An der Sprache den bevorzugten Sinneskanal erkennen

Nach der internen Verarbeitung erfolgt häufig eine für die Umwelt sicht- und hörbare Reaktion, etwa ein sprachlicher

Ausdruck – und der hat oft viel mit dem bevorzugten Wahrnehmungssystem zu tun.

1 **Sprache des visuellen Typs:** Folgende Worte werden Sie in der Sprache eines visuellen Menschen oft finden: Farben (rot, grün), klar, trüb, hell, dunkel, scheinbar, leuchtend, übersichtlich, zeigen, durchblicken, schauen, beobachten, erscheinen, offenbaren, Ein- und Durchblick, Perspektive, Sichtweise, Horizont, Bild, Schatten etc.

Beispiel für Formulierungen von „Seh-Menschen"

„Das sieht gut aus!"
„Nach diesem Vorfall ging mir ein Licht auf."
„Die Lösung kann ich mir nicht vorstellen."

2 **Sprache des auditiven Typs:** Menschen, die bevorzugt über die Ohren wahrnehmen, verwenden gern Worte wie: laut, leise, schrill, ruhig, verständlich, stimmig, hörbar, (be)sprechen, hören, abstimmen, schweigen, betonen, verkünden, Geräusch, Stille, Ton, Klang, Melodie etc.

Beispiel für Formulierungen von „Hör-Menschen"

„Ihre Ausführungen hören sich gut an."
„Das Thema des Vortrags sprach mich sehr an."
„Das klingt wie Musik in meinen Ohren."

3 **Sprache des kinästhetischen Typs:** Fühlmenschen benutzen diese oder ähnliche Ausdrücke: fest, leicht, stark – locker, packend, greifbar, fühlbar, aufdringlich, berühren, befestigen, begreifen, handhaben, anstrengen, beibehalten, Gefühl, Bewegung, Druck, Schritte, Schwere etc.

Beispiele für Formulierungen von „Fühl-Menschen"

„Das fühlt sich gut an."
„Bei diesem Projekt gibt es unterschiedliche Standpunkte"
„Ich möchte gern das Problem in den Griff bekommen."

4 **Die Sprache des gustatorischen bzw. olfaktorischen Typs:** Sie erkennen sie an folgenden oder ähnlichen Begriffen: scharf, würzig, süß, köstlich, geschmackvoll, schmecken, kosten, riechen, schnuppern, wittern, Geschmack, Appetit, Duft, Geruch, Gestank.

Beispiele für Formulierungen von „Schmeck- und Riech-Menschen"

„Ich glaube, die neue Aufgabe riecht nach Arbeit."
„Er witterte seine Chance."
„Ich bin auf den Geschmack gekommen."

Daneben gibt es noch Worte, die als sinnesspezifisch neutral gelten, z. B. nett, höflich, sein, haben, erwarten, glauben, verstehen, denken, Prozess, Erinnerung, Analyse, Auswahl.

Augenbewegungen zeigen, welcher Sinneskanal gerade aktiv ist

Nicht nur die Sprache, sondern auch die Augenbewegungen geben Hinweise darauf, wie jemand Informationen verarbeitet. Bevor ein Mensch auf eine Frage antwortet, geschieht es häufig, dass sein Blick abschweift, seine Augen plötzlich in eine andere Richtung schauen. Der Betreffende denkt nach, erinnert sich oder führt einen lautlosen inneren Dialog.

NLP geht davon aus, dass die so genannten Augenzugangshinweise – also die Stellung der Augen bei internen, meist unbewussten Prozessen Indizien dafür sind, welche Verarbeitungsvorgänge gerade vonstatten gehen. Sie verraten, wie die Person in diesem Moment Informationen im Gehirn verarbeitet, speichert, abruft und erinnert. Je nachdem, ob dabei Bilder, Klänge oder Gerüche, Geschmack und Gefühle eine Rolle spielen, bewegen sich die Augen in unterschiedliche Richtungen. Mit etwas Übung ist es mithilfe der Augenzugangshinweise möglich zu erkennen, ob eine Person in diesem Moment in Bildern, Klängen oder Gefühlen denkt.

Kanal	Augenstellung
Visuell konstruiert Die Person konstruiert Bilder von Situationen oder Dingen, die sich noch nicht ereignet haben (etwa bei Fragen wie: „Wie sieht ein rosa Kaninchen aus?")	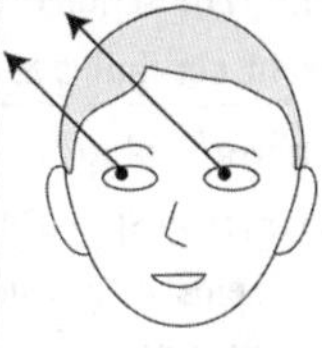
Visuell erinnert Die Person sieht Bilder von tatsächlichen Ereignissen oder erinnert sich an Dinge (z. B. bei Fragen wie: „Wie sieht die Inneneinrichtung in Ihrem Büro aus?")	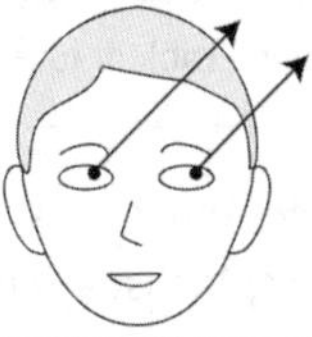
Auditiv konstruiert Die Person konstruiert Geräusche, Klänge, Stimmen und Worte (etwa bei „Wie klingt Ihr Name rückwärts gesprochen?")	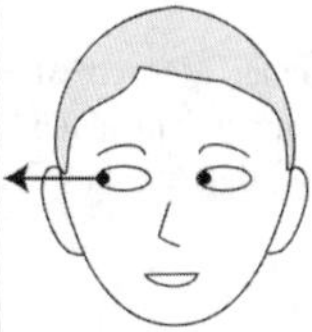

Kanal	Augenstellung
Auditiv erinnert Die Person erinnert sich an schon einmal gehörte Klänge und Worte (etwa nach Fragen wie „Wie klingt die Kleine Nachtmusik von Mozart?"; „Wie hört sich Ihr Handyklingelton an?")	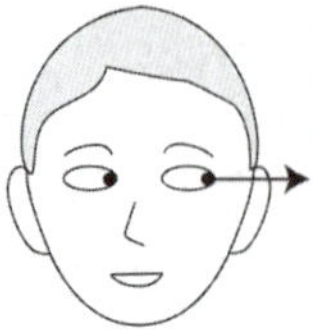
Kinästhetische Vorstellung Augenbewegung, wenn jemand einem Gefühl nachspürt, aber auch wenn er einen Geschmack oder einen Geruch empfindet (etwa Fragen wie „Wie fühlt sich Sand auf der Haut an?"; Wie schmeckt eine Ananas?"; „Wie riecht ein faules Ei?")	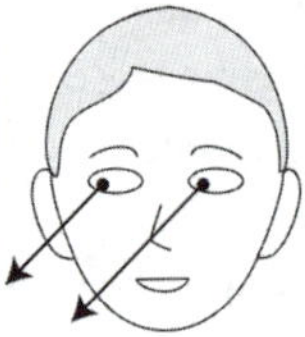
Innerer Dialog Die Person spricht in einem inneren Dialog zu sich selbst, stellt sich selbst Fragen (z. B. „Was spricht dafür, was dagegen?"; „Wie könnte ich das Problem lösen?")	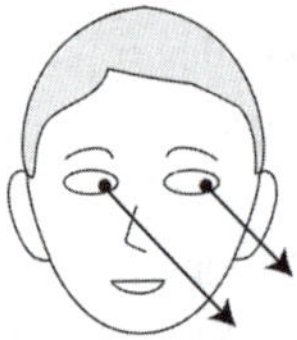

Die Abbildungen zeigen, wie Sie die Augenbewegungen Ihres Gesprächspartners sehen, wenn Sie ihm gegenübersitzen.

Jeder Mensch ist einzigartig. Daher müssen die Augenzugangshinweise immer individuell überprüft werden. Vor allem bei Linkshändern drehen sie sich häufig spiegelverkehrt um.

Einsatzmöglichkeiten im Beruf und Alltag

Wahrnehmungstypen, Umsetzung in Sprache, Augenzugangshinweise – was sich so abstrakt anhört, kann in der Praxis zu neuen und verbesserten Lösungen führen.

Die Wirkung der Kommunikation durch sinnesspezifische Sprache steigern

Immer wenn Sprache zum Einsatz kommt, z. B. bei einem Kundengespräch, einem Telefonat, einer Rede oder einer Werbebroschüre, steigt die Wirkung, wenn abwechselnd die verschiedenen Repräsentationssysteme angesprochen werden. Dadurch erhöht sich die Wahrscheinlichkeit, dass der Empfänger die jeweilige Botschaft tatsächlich hört und wahrnimmt, egal, ob er z. B. ein visueller, auditiver oder kinästhetischer Typ ist. Allerdings sendet der Verfasser oft nur auf einem Kanal – nämlich seinem Lieblingskanal. Besser ist es, die Botschaft so zu verfassen, dass sie alle Verarbeitungstypen erreicht, also Worte aus allen Repräsentationssystemen zu verwenden. Ein weiterer Vorteil gegenüber neutraler – und daher manchmal auch langweiligeren – Sprache: Die Informationen gerät deutlicher, farbiger, ansprechender und griffiger.

Analog dazu lassen sich auch die Augenzugangshinweise einsetzen, indem Schrift oder Bildelemente ihnen entsprechend platziert werden.

Beispiel

Petra Weber bereitet eine Präsentation vor. Um ihren Zuhörern die Aufnahme der Informationen zu erleichtern, platziert sie die Aussagen über die Vision (also etwas visuell Vorstellbares in der Zukunft) oben rechts auf der Folie. Das Produkt und den entsprechenden Slogan, die das Gefühl ansprechen sollen, dagegen unten rechts.

Prüfen und kennzeichnen Sie schon in der Korrekturfassung Ihrer Unterlagen, z. B. mit farbigen Textmarkern oder verschiedenen Symbolen, zu welchen Repräsentationssystemen die gewählten Ausdrücke gehören. So werden Sie schnell feststellen, ob ein Text einseitig ist, ob er alle Sinneskanäle anspricht und ob die Informationen optimal platziert sind.

Lernen auf allen Kanälen

Fakten und Daten lassen sich erwiesenermaßen leichter und besser aufnehmen und merken, wenn beim Lernen gleichzeitig mehrere Sinneskanäle aktiviert werden. Gute Lehrer sprechen daher die verschiedenen Wahrnehmungstypen an:

- durch Bilder, Diagramme, Symbole (☺, →, ♥ u. Ä.), Farben, Zeichnungen und Karikaturen usw. (visueller Kanal),
- über Diskussionen, mündliche Besprechung der Unterlagen, Abfragen des Wissens, lautes Vorlesen von Texten usw. (auditiver Kanal)
- und durch eigenes Ausprobieren, Übungen, praktische Anwendungsbeispiele, Spiele und szenische Darstellungen usw. (kinästhetischer Kanal).

Auch wenn Sie selbst lernen und der Inhalt sicherer bereit stehen soll, ist es sinnvoll, alle Sinneskanäle zu nutzen:

- visueller Kanal: Verwenden Sie auch hier Symbole und Farben zur Markierung, übertragen Sie Texte und Daten in Diagramme und Schaubilder (z. B. MindMaps) usw.,
- auditiver Kanal: Erzählen Sie einem Freund das Gelernte, lassen Sie sich ausfragen, sprechen Sie sich das Lernmaterial vor, z. B. auf Kassetten usw.,
- kinästhetischer Kanal: Machen Sie (Rechen-)Beispiele, schreiben Sie Wichtiges ab o. Ä.

Verbessern Sie Ihre Menschenkenntnis

Je besser wir uns und unser Gegenüber erkennen und verstehen, desto erfolgreicher verläuft die zwischenmenschliche Kommunikation. Ein Schlüssel dazu ist, sich die unbewusste Nutzung des jeweiligen Repräsentationssystems bewusst zu machen. Das ist möglich, indem wir

1. uns selbst erkennen. Analysieren Sie, welche Wörter und Kanäle Sie selbst bevorzugen. Denken Sie in Bildern? Fühlen sie sich durch laute Geräusche und Lärm besonders beeinträchtigt? Ist für Sie eine angenehme, wohlige Atmosphäre bedeutsam? Entscheiden Sie häufig nach Ihrem „Bauchgefühl"? Welche Formulierungen (s. Seite 24 ff.) sind für Sie persönlich typisch?
2. bei anderen genau zuhören und z. B. Schlüsselwörter wahrnehmen. Kommunikationsbarrieren entstehen dann, wenn ein Gesprächspartner schon mit seiner Antwort beschäftigt ist, während sein Gegenüber noch redet. Genau

hinhören heißt auch: „Wie und mit welchen Worten schildert mein Gesprächspartner das Thema?"

3 sinnesspezifische Wörter flexibel einsetzen, von einem Kanal auf den anderen wechseln und übersetzen. Häufig kommt ein stockendes Gespräch wieder in Gang, sobald sich die sprachliche Verarbeitungsebene ändert.

4 über die Augenzugangshinweise die Kommunikation mit Mitarbeitern, Kunden oder Familienmitgliedern flexibel gestalten. Wenn Sie bei Ihrem Gegenüber z. B. die Augenstellung „oben links" als visuellen Kanal identifizieren, können Sie sich leicht auf seine Gesprächsebene begeben. Wählen Sie nun selbst Worte aus dem visuellen Vokabular, z. B.: „Wie siehst Du meinen Vorschlag?" Befindet er sich dagegen im auditiven Kanal, könnte Ihre Frage lauten: „Wie hört sich mein Vorschlag für dich an?"

Die Wahrnehmungskanäle zu erkennen und aktiv zu nutzen, erfordert Übung. Allerdings sollten Sie damit nicht bei wichtigen beruflichen Gesprächen beginnen. Starten Sie besser im privaten Bereich.

> Die unterschiedlichen Typen können Sie übrigens gut in den Talk- und Gerichtsshows, die nachmittags im Fernsehen zu sehen sind, beobachten. Hier bekommen Sie alle Varianten präsentiert und können sie analysieren.

NLP-Technik 1: Wie Sie Kontakt herstellen

Ein guter Kontakt zum Gegenüber ist die Grundvoraussetzung für gelungene Kommunikation.

Im folgenden Kapitel lesen Sie,

- wie Sie den Kontakt zum Gegenüber systematisch aufbauen (S. 37) und
- wie Sie über Wahrnehmungspositionen ein besseres Verständnis für Ihren Kommunikationspartner entwickeln (S. 49).

Rapport als Basis gelungener Kommunikation

Der Wert guter, respektvoller Kommunikation zeigt sich darin, dass sich der Gesprächspartner verstanden und angenommen fühlt. Es geht nicht darum, dass sich alle sympathisch sind und mögen, vielmehr sollten Vertrauen und die Bereitschaft, Unterschiede zu akzeptieren und als gleichwertig anzuerkennen, die Basis für das Miteinander sein.

Rapport heißt, Gleichklang herzustellen

Im NLP bezeichnet „Rapport" die Kommunikation, den Fluss zwischen zwei und mehr Personen, das harmonische „Aufeinander-eingestimmt-sein". Unsere Sprache hat viele Ausdrücke für diesen Zustand, z. B. „Die gleiche Wellenlänge haben", „einen guten Draht zueinander finden". Rapport benennt den respektvollen Umgang mit dem Gesprächspartner, die gemeinsame Basis von zwei unterschiedlichen Welten. Jeder Teilnehmer ist verantwortlich für die Kommunikation, egal ob er Zuhörer, Interpret oder Gestalter ist. Rapport ist die Grundlage, um

- die zwischenmenschliche – verbale und nonverbale – Kommunikation erfolgreich zu gestalten,
- die eigenen bewussten und unbewussten Kommunikationsfähigkeiten zu nutzen,
- die Welt des Kommunikationspartners zu erkunden und zu verstehen,
- tragfähige Beziehungen aufzubauen,

- Veränderungen herbeizuführen (z. B. durch Beratung, im Verkauf, bei der Erziehung oder während Entscheidungsprozessen),
- persönliche Akzeptanz herzustellen,
- die Akzeptanz bei asymmetrischen Kommunikationssituationen (z. B. Angeklagter - Richter, Schüler - Lehrer, Vorgesetzter - Mitarbeiter usw.) zu sichern,
- Kommunikationsprozesse zu schaffen, die auf Vertrauen, Respekt und Bereitschaft zur Kommunikation beruhen.

Auf zwei Ebenen kommunizieren

Den höchsten Rapport erzielen Menschen in ihrer Kommunikation, wenn alle Signale, die sie aussenden, harmonisch aufeinander abgestimmt sind.

Stimmen die Botschaften überein?

Aussage, Sprache, Klang der Stimme, Mimik und Gestik dürfen sich nicht widersprechen. Trifft das nicht zu, bilden also Körpersprache und der Inhalt der Worte einen Gegensatz zueinander, verlassen sich die Menschen mehr auf die nonverbalen Signale und glauben den Worten nicht. Ein Sprichwort sagt: „Der Körper lügt nicht." Denn Kommunikation besteht in einem weitaus größeren Umfang aus „Nicht-Sprache", der Körpersprache bzw. nonverbalen Kommunikation, als aus dem gesprochenen Wort. Amerikanische Wissenschaftler haben in zahlreichen Versuchen nachgewiesen, dass die Wirkung, die eine Person mit ihrer Kommunikation erzielt, nur zu sieben Prozent davon abhängt, was sie sagt. Das „Wie" ist entscheidend: Es vermittelt wesentlich mehr Informationen als der reine Inhalt, die Wörter und der Text.

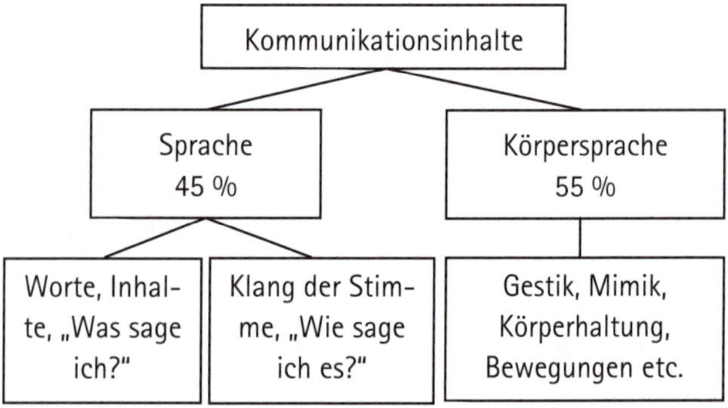

Körpersprache gleicht sich an

Wenn zwei Menschen Kontakt zueinander aufbauen oder sich im Einklang befinden, kann man bei ihnen sehr häufig eine ähnliche oder identische Körpersprache feststellen.

Beispiel für den Rapport zwischen zwei Menschen

In einem Café sitzt ein junges Paar. Beide haben einen Eiskaffee vor sich. Immer wieder trinken sie fast im selben Moment – wie auf ein heimliches Zeichen hin – einen Schluck. Ihre Mimik, ihr Lächeln und der Augenkontakt sind im gleichen Rhythmus auf einander eingestellt. Die Körper- und Sitzhaltung der jungen Leute ist fast identisch: Sie haben die Beine jeweils in die gleiche Richtung übereinander geschlagen, während des Gesprächs stützt die junge Frau die Ellenbogen auf und nur kurze Zeit später folgt ihr der Mann in dieser Bewegung. Es scheint, als ob sich diese zwei Menschen im Einklang, wie in einem unbeschwerten Tanz befinden.

Nicht nur, wenn Menschen verliebt sind, zeigen und benutzen sie solche Verhaltensweisen und Techniken, um Kontakt zueinander herzustellen. Bei einem Spaziergang gleichen sich die Schrittlängen der Beteiligten unwillkürlich an und wer mit einem kleinen Kind spricht, beugt sich ganz automatisch hinunter.

Sprache ähnelt sich

Gleiches geschieht auf der verbalen Kommunikationsebene: Wenn Experten mit Laien über ihre Fachgebiete sprechen, benutzen sie vermutlich wenige Fremd- und Fachwörter. Damit sie verstanden werden, bewegen sie sich in der sprachlichen Welt ihrer Gesprächspartner, suchen die Begriffe, die beide verstehen.

Rapport macht genau das aus: Das Gemeinsame zu finden. Denn das ist es, was uns mit unserem Gegenüber verbindet, was Vertrauen schafft und sozusagen eine Brücke baut, über die man gemeinsam mit dem Gegenüber gehen kann.

> NLP misst diesem Prozess der Vertrauensbildung eine sehr hohe Bedeutung bei: Rapport ist die Grundvoraussetzung dafür, dass Kommunikation gelingt. Ohne Rapport ist effiziente Kommunikation nicht möglich.

In drei Schritten zu einer besseren Verständigung

Die meisten Menschen verwenden die verbalen und nonverbalen Mittel unbewusst, um einen Kontakt herzustellen und gegenseitiges Vertrauen und Verständnis aufzubauen. NLP-

Anwender benutzen dafür ganz bewusst drei Techniken: Pacing, Leading und Kalibrieren.

1. Pacing – aktiv Rapport aufbauen

Das englische Wort „Pace" heißt übersetzt „Schritt, Gangart". Der Begriff „Pacing" beschreibt im NLP den Vorgang, sich im übertragenen Sinne auf die Gangart, den Schritt des Kommunikationspartners einzustellen, seine Signale aufzunehmen und zurückzugeben. Eine weitere Bezeichnung für diesen Vorgang ist „Spiegeln". Dadurch, dass sich eine Person auf einer oder mehreren Ebenen an das Verhalten ihres Gegenübers angleicht, baut sie Vertrauen auf. Es geht um das aktive Handeln, um einen guten Rapport zu erreichen.

Beispiel

Christine Bauer ist Personalleiterin in einem mittelständischen Unternehmen. Besonderes wichtig ist ihr die richtige Auswahl junger Nachwuchskräfte. Die Vorstellungsgespräche mit den jungen Stellenbewerbern sind manchmal schwierig, da diese häufig schüchtern, ängstlich oder angespannt in ihrem Büro sitzen. Für eine realistische Beurteilung wünscht sich Frau Bauer eine angenehme und lockere Atmosphäre. Im ersten Schritt baut sie über Pacing ein Vertrauensverhältnis auf: Sie nimmt zu Gesprächsbeginn eine ähnliche Körper- und Sitzhaltung wie der Bewerber ein und achtet darauf, sich der Stimme des Gegenübers anzupassen – meist sprechen diese etwas leiser und langsamer. Frau Bauer fühlt sich durch Spiegeln in die Sprache und Körpersprache des Bewerbers ein.

Wie kann Pacing eingesetzt werden?

Pacing findet auf allen Kanälen statt, auf denen die Menschen Signale aussenden. Das Spiegeln des Gegenübers kann also stattfinden bei:

- der Körperhaltung (z. B. ähnliche Kopfhaltung oder Beinstellung einnehmen),
- der Gestik (die Sprache der Hände angleichen),
- den Bewegungen (Richtung und Geschwindigkeit übernehmen),
- der Sprechweise (Stimmlage, Betonung, Lautstärke und Sprechgeschwindigkeit anpassen),
- dem Atemrhythmus und dem Ort der Atmung (z. B. ebenfalls in Bauch oder Brust atmen),
- dem sprachlichen Ausdruck (ähnliche Satzlänge, Wortwahl, Sprachmuster und Sprachniveau wählen),
- den Denkstilen und sinnesspezifischen Verarbeitungspräferenzen (z. B. den Gesprächspartner auf seiner bevorzugten sprachlichen Ebene ansprechen),
- Gemeinsamkeiten (z. B. Hobby, Interessen, Werte etc.) herausstellen.

Fehler beim Pacing vermeiden

Bewusst eingesetztes Pacing ist keine einfache Technik. Gerade bei Anfängern besteht die Gefahr, dass daraus ein Nachahmen und „Nachäffen" des Kommunikationspartners wird. Das schafft eher wenig Vertrauen und kann sogar beleidigend sein. Daher ist nicht nur wichtig, genau zu beobachten, an welchen möglichen Ansatzpunkten es sinnvoll ist, seinen Schritt dem Gegenüber anzugleichen. Vor allem geht es darum, das richtige Maß zu finden, das Spiegeln auf mehreren Ebenen wohl dosiert und respektvoll einzusetzen, um sich auf den Partner einzustimmen und ihn abzuholen.

Checkliste: Ist Ihr Pacing angemessen?

Vorgehen	ja	nein
Ich wende Pacing nur sehr vorsichtig an, z. B. deute ich Bewegungen nur an.		
Ich gleiche mein Verhalten in kleinen, behutsamen Schritten an.		
Ich spiegele Bewegungen dann, wenn ich selbst zu sprechen beginne.		
Ich mache kleine Pausen und lasse zwischen dem Verhalten meines Partners und meiner Reaktion darauf etwas Zeit verstreichen.		
Ich nutze nicht alle sich bietenden Möglichkeiten zum Spiegeln.		

Je mehr Aussagen Sie bejahen können, desto besser ist Ihr Pacing. Die Aussagen, die Sie verneint haben, zeigen gleich Verbesserungsmöglichkeiten auf.

2. Leading – den anderen mitnehmen

Der Begriff „Leading" steht für das Führen von Menschen, für Richtungen ändern, sich dem Gegenüber anvertrauen. Laut

NLP ist dafür Spiegeln die Bedingung. Eine Veränderung wird nicht gelingen, wenn kein Kontakt zum Gegenüber besteht, er nicht dort abgeholt wird, wo er sich gerade befindet. Wurde dies aber über Pacing erreicht, kann derjenige, der führt, die gespiegelten Verhaltensweisen behutsam variieren, bis sie die gewünschte Veränderung beim Geführten erbracht haben.

Aufgaben des Leadings

Leading erfüllt im Kommunikationsprozess zwei wichtige Funktionen:

1. Der Führende kann schnell und einfach überprüfen, ob ausreichend Rapport zum Gegenüber herrscht: Das Gespräch und der Kontakt bestehen bereits einige Zeit und der Führende spiegelt auf verbaler und nonverbaler Ebene. Nun verändert er seine Körperhaltung, seine Sprechgeschwindigkeit oder die Stimme. Geht der Gesprächspartner mit und gleicht sich dem Verhalten an, ist der Rapport erfolgreich und es besteht eine gute Basis für die weitere Kommunikation.
2. Weiter bietet Leading die Möglichkeit, andere, neue Wege zu beschreiten. Wenn guter Rapport besteht, kann eine Veränderung im Verhalten des Führenden neue Ziele, alternative Sichtweisen, eine verbesserte Stimmung oder Atmosphäre schaffen. Auch hier können wieder alle Kanäle genutzt werden: verbale (z. B. dadurch, dass andere Repräsentationssysteme angesprochen werden) oder nonverbale (etwa durch andere Gesten, Veränderungen an der Körperhaltung).

Beispiel für Leading

Der Personalleiterin Christine Bauer ist es durch Pacing gelungen, einen guten Kontakt zum Bewerber aufzubauen und sein Vertrauen zu gewinnen. Nun geht es ihr darum, seine Anspannung zu lockern, und sie geht zum Leading über. Allmählich verändert Frau Bauer ihre Körperhaltung und löst verkrampfte Sitz- und Körperhaltungen. Ihre Stimme wird fester und etwas lauter. Der Bewerber folgt ihr darin. Nach und nach führt ihn Frau Bauer in einen entspannteren und natürlichen Zustand. Der Bewerber geht mit ihr mit und das Gespräch findet in der gewünschten Atmosphäre statt.

Wann Leading erfolgreich sein kann

Führung kann nur dann erfolgreich sein, wenn einige Grundvoraussetzungen erfüllt sind. Das sind:

- eine gute, gemeinsame Kommunikationsbasis,
- Vertrauen in den Führenden,
- Respekt und Achtung vor der Welt und den Werten derjenigen Person, die geführt werden soll,
- Respekt und Achtung vor der Welt und den Werten der Person, die führt,
- hohe Sensibilität und subtile Wahrnehmungsfähigkeiten für Veränderungen bei den Gesprächspartnern auf verbaler und nonverbaler Ebene.

3. Kalibrieren – sich neu auf den Partner einstellen

Einmal gemachte Wahrnehmungen und Urteile müssen immer wieder neu überprüft und kalibriert werden. „Der einzige

Mensch, der sich vernünftig verhält, ist mein Schneider. Er nimmt jedes Mal Maß, wenn er mich sieht, während alle anderen immer wieder die alten Maßstäbe anlegen", sagte Mark Twain dazu.

Beim Kalibrieren geht es darum, sich auf das Gegenüber einzustellen, zu eichen, neu zu justieren und eine Feinabstimmung vorzunehmen. Kalibrieren ist die Fähigkeit, zwei oder mehr unterschiedliche Zustände am Kommunikationspartner zu erkennen und zu vergleichen, bzw. die Veränderung zu einer neutralen Befindlichkeit wahrzunehmen. Die Voraussetzungen dazu besitzt jeder von uns: Es gilt, seine Sinne einzusetzen und zu schärfen: z. B. werden die Lippen schmaler, die Haut blasser und die Stimme gepresst, wenn ein Mensch in Wut gerät. Wer solche Veränderungen bemerkt, kann entsprechend darauf reagieren.

> Die Fähigkeit zum Kalibrieren ist bei allen Menschen unterschiedlich entwickelt und Veränderungen sind oft nicht deutlich sichtbar. Daher ist es wichtig, immer wieder zu überprüfen, ob die eigene Einschätzung des Kommunikationspartners zutrifft.

Welchen Nutzen bringt das Kalibrieren?

Das Kalibrieren ist eine grundlegende Technik im NLP, die geübten Anwendern an vielen Stellen Aufschluss über Stand und Qualität der Kommunikation gibt.

- Wer kalibriert, stellt sich immer wieder neu auf die Person, die jeweilige Situation und auf beobachtbare Prozesse ein. Das erhöht die Sicherheit in der Kommunikation.

- Gemäß der Annahme, dass sich Körper und Geist wechselseitig beeinflussen, kann man von außen sichtbare, identifizierbare Unterschiede auf innere Verarbeitungsprozesse schließen. Berater z. B. überprüfen Wirkung und Erfolg von Interventionen und Botschaften, indem sie unterschiedliche Physiologien des Klienten vergleichen. Ein Verkäufer sieht Abschlusssignale bei seinem Kunden, erkennt Einwände, ohne dass der Kunde sich verbal äußert.
- Menschen verarbeiten Informationen verschieden und zeigen unterschiedliche Reaktionen. Kalibrieren heißt, die Beobachtungen nicht zu verallgemeinern, sondern stets neu am Gegenüber vorzunehmen. Missverständnisse werden so vermieden und eine verallgemeinernde Einschätzung nach starren Beurteilungsschemata unterbleibt.
- Durch den Vergleich eigener Verhaltensweisen und sinnesspezifischer Wahrnehmungen mit denen anderer Menschen ist es möglich, die persönlichen Muster und Projektionen zu überprüfen.

Schulen Sie Ihre Wahrnehmungsfähigkeiten

Bitten Sie einen guten Freund, sich für eine kleine Übung zur Verfügung zu stellen. Ziel ist, dass Sie die sichtbaren Signale Ihres Gegenübers bei verschiedenen Zuständen aufnehmen und die Unterschiede genau registrieren.

1. Schritt: Stellen Sie Ihrer Testperson eine einfache, neutrale Frage. Ihr Partner soll Ihnen die Antwort nicht sagen, sondern nur daran denken. Beobachten Sie den normalen, neutralen Zustand: Wie sieht das Gesicht aus? Welche Haltung nimmt Ihr Partner ein?

Beispiel für eine neutrale Frage

„Wo hast du heute dein Auto geparkt?"

2. Schritt: Bitten Sie Ihre Testperson, für etwa zwei Minuten an jemanden zu denken, den sie sehr gern hat, der ihr sympathisch ist. Es geht ausschließlich um die innerlichen Prozesse, deshalb soll er auch hier nicht sprechen. Veranlassen Sie Ihren Partner durch weitere Fragen, ganz in die Vorstellung des sympathischen Mensch einzusteigen. Beobachten Sie nun im Detail die Veränderungen im Vergleich zur neutralen Ausgangsposition in der Körperhaltung, in Gesichtsfarbe, Mimik, Muskelspannung, die Unterschiede in der Körpersprache.

Beispielfragen, mit denen Sie die Vorstellung erleichtern

„Wie sieht diese Person aus?"
„Wie spricht sie?"
„Was gefällt dir so sehr an ihr?"

3. Schritt: Ihre Testperson soll wieder an etwas Neutrales denken. Fragen Sie sie z. B. nach der Uhrzeit oder dem Wochentag. Machen Sie eine kleine Pause, um wieder den neutralen Zustand herzustellen.

4. Schritt: Fordern Sie Ihren Partner auf, sich einen Menschen vorzustellen, den er nicht mag, der ihm sehr unsympathisch ist und gegen den er eine deutliche Abneigung hat – wieder geht es ausschließlich um die innere Imagination. Geben Sie Ihrer Testperson wieder ausreichend Zeit und Hilfestellung, wieder komplett einzutauchen. Nun werden Sie deutliche Unterschiede bei Ihrer Testperson feststellen: Beobachten Sie Körpersprache, Gestik, Mimik, Muskelspannung usw. dieser so genannte Problemphysiologie.

5. Schritt: Vergleichen Sie die drei Physiologien. Was veränderte sich jeweils bei den inneren Bildern? Welche Unterschiede konnte Sie beobachten?

6. Schritt: Kalibrieren Sie und setzen Sie Ihre Erkenntnisse um. Stellen Sie Ihrem Partner Fragen zu den beiden Personen, die er sich vorgestellt hat. Wieder soll er nur an die jeweilige Person denken. Nur anhand der nonverbalen Signale werden Sie erkennen, ob Ihre Testperson an die sympathische oder die unsympathische gedacht hat – Worte sind dafür nicht notwendig.

Beispiel für Fragen zu beiden imaginierten Personen

„Wer von beiden ist größer?"
„Wer ist älter?"
„Welcher von beiden hat mehr Kinder?"

Rapport bewusst einsetzen

Im normalen, tagtäglichen Miteinander machen Menschen unbewusst Gebrauch von ihren kommunikativen Fähigkeiten. Intuitiv stellen sie Rapport her, spiegeln das Verhalten ihres Gegenübers und lösen Konflikte so, dass alle zufrieden sind. Wenn Kommunikation und Kontakt gut funktionieren, sind Veränderungen unnötig und die bisher erfolgreich eingesetzten Kommunikationstechniken können beibehalten werden.

Wann Sie Rapport bewusst aufbauen sollten

Es gibt aber auch etliche Situationen, in denen es hilfreich ist, Rapport bewusst und gezielt einzusetzen, z. B., wenn in Kommunikationsprozessen die verwendeten Techniken unwirksam sind, nicht ausreichen oder gar versagen. Veränderungen stehen immer dann an, wenn

- der Kontakt und die gemeinsame Basis unterbrochen wurden (z. B. auch durch Störungen von außen),
- Kommunikationsprozesse ins Stocken geraten,
- deutlich Kommunikationsstörungen auftreten,
- einzelne Kommunikationspartner persönliche Grenzen erreichen (Techniken nicht beherrschen oder vor emotionalen Hindernissen stehen),
- sehr große Unterschiede in den Denk-, Arbeitsstilen der Partner erkennbar sind,
- Gesprächspartner sich nicht kennen und schnell eine gemeinsame Basis für Kommunikation notwendig ist,
- eigene, klare Ziele erfolgreich umgesetzt und erreicht werden sollen.

> Der bewusste und verantwortungsvolle Einsatz der NLP-Techniken des Rapportaufbaus, Spiegelns, Leadings und Kalibrierens ermöglicht, Schwierigkeiten und Hemmnisse zu überwinden und den Kommunikationsprozess aktiv zu gestalten.

Rapport bewusst unterbrechen

Ebenso wie sich Rapport gezielt aufbauen lässt, können Sie ihn auch beenden. Zur eleganten Unterbrechung (auch hier geht es um eine verträgliche und wertschätzende Art und Weise des Kontakts) nutzt der Kommunikationspartner ganz bewusst eine deutlich wahrnehmbare Veränderung: Er modifiziert Mimik und Blickkontakt, baut Abstand und Distanz auf, setzt Körperhaltung und Stimme ein (auch Stille und ein Abwenden sind effiziente Signale). Wirkungsvoll sind natürlich auch Worte (z. B. die klare Ansprache des Themas oder Ziels, ein „Nein, danke" oder „heute geht es leider nicht, bitte später...", „Gern, leider nicht jetzt" oder „nicht so" u. Ä.) Ein Unterbrechung des Rapports kann in folgenden Situationen sinnvoll sein:

- Ein oder mehrere Gesprächspartner benötigen eine Pause z.B. weil sie neue Energie benötigen.
- Dem Gesprächspartner wird eine Pause eingeräumt z. B. bei Vertragsabschlüssen, um die Texte zu lesen.
- Das Gespräch kann wegen fehlender Information nicht fortgesetzt werden, z. B. weil Unterlagen nicht vollständig sind, in einer anderen Abteilung nachgefragt werden muss, Details geklärt werden sollten u. Ä.
- Die vorgegebene Zeitrahmen nähert sich seinem Ende.
- Das Gesprächsziel ist erreicht, z. B. auch bei Telefonaten.
- Wichtigere oder weitere Termine, Projekte stehen an.
- Das Gespräch nimmt eine nicht erwünschte Wendung, geht in eine nicht beabsichtigte Richtung.

Durch Wahrnehmungspositionen die Perspektive wechseln

Ein Perspektivenwechsel verschafft neue, bessere Informationen. Er ermöglicht, die Dinge anders zu sehen, und schult dadurch das Verständnis für das Gegenüber und für die Situation. Voraussetzung ist das Wissen, welche Sichtweise gerade besteht. Sie kann entweder assoziiert oder dissoziiert sein. Assoziiert zu sein bedeutet, dass Gefühle im Spiel sind, dass die Person keinen oder nur wenig Abstand zur aktuellen Situation hat. Dissoziiert dagegen ist jemand, der neutral, mit Abstand und ohne Emotionen die Lage analysiert.

Assoziiert	Dissoziiert
▪ Person befindet sich ganz bei sich selbst.	▪ Person steht „neben sich".
▪ Sie ist im eigenen Erleben, in die Situation involviert.	▪ Person hat zur Situation Distanz.
▪ Alle Sinne sind auf Empfang – der Mensch sieht, hört, fühlt.	▪ Betrachtung findet von außen statt, die Person ist Zuschauer.
▪ Die Person nimmt direkt und unmittelbar, ohne Abstand wahr.	▪ Es besteht nur eine geringere oder gar keine emotionale Wahrnehmung (innerlicher Abstand).
▪ Der Mensch bewertet subjektiv und persönlich.	▪ Der Mensch beschreibt, nimmt aber keine Bewertung vor.

Die drei Wahrnehmungspositionen

NLP beschreibt mit den so genannten Wahrnehmungspositionen Techniken, mit denen jemand seine eigene, eingeschränkte Sicht erweitern kann. Unterschieden werden drei Positionen: Das Ich, das Du und der Beobachter. Sie alle haben ihre eigenen, speziellen Merkmale.

Jede Wahrnehmungsposition bietet eigene Chancen und birgt eigene Risiken. Wer in der Lage ist, die verschiedenen Sichtweisen bewusst zu durchlaufen und dabei Informationen zu sammeln, ist besser in der Lage, eine Situation oder einen Konflikt ganzheitlich und umfassend zu beurteilen.

Beispiel für einen Konflikt

Anke Müller ist Personalleiterin in einem Unternehmen, das in den letzten Jahren sehr stark gewachsen ist. Ihr Arbeitsvolumen hat stetig zugenommen und aus diesem Grund wurde Peter Bach als Assistent eingestellt. Mit seiner Arbeitsleistung ist sie sehr zufrieden, allerdings gibt es immer wieder Konflikte, die die Beziehung zwischen ihr als Chefin und dem Mitarbeiter belasten.

Frau Müller lässt sich kontinuierlich von einem professionellen Coach unterstützen. Bei einem Treffen greift sie das Thema auf. Über die drei unterschiedlichen Wahrnehmungspositionen erhält sie erweiterte Informationen über die Konfliktsituation und bekommt Zugang zu neuen Sichtweisen.

Das Ich – den eigenen Standpunkt kennen lernen

Die häufigste Wahrnehmungsposition im Alltag ist die so genannte erste Position, das Ich. Der Mensch ist mitten drin im eigenen Erleben und eng verbunden mit seinen Gefühlen. Er setzt seine Sinne ein: sieht alles mit seinen Augen, hört alles mit seinen Ohren, fühlt seine eigenen Gefühle – d. h. er ist assoziiert im Ich. In der ersten Position muss er nicht viel reflektieren, viele Prozesse laufen unbewusst ab.

Beispiel für die Ich-Position

Zunächst führt der Coach Anke Müller in die Ich-Position. Auf seine Fragen, wie es ihr in der Situation geht, fällt es ihr leicht, sofort Zugang zur Situation und zu ihren Gefühlen zu bekommen. Sie ist wütend darüber, dass sich die konstruktive Arbeit durch die Einwände und Ausreden des Mitarbeiters verzögert. Sie hört Bachs Ausflüchte und spürt – ohne dass die Situation real besteht – sehr intensiv ihren Ärger in sich hochsteigen.

- **Chancen:** Diese erste Position ermöglicht, konzentriert bei sich selbst zu sein und die eigenen Bedürfnisse, Gefühle, Wünsche und Sichtweise zu erkennen. Hier haben Menschen Zugang zu ihren eigenen Standpunkten und öffnen damit die Tür zu ihren Ressourcen. Wer weiß, was er will, stärkt sein Selbst. Aber nicht nur die Person selbst profitiert davon, wenn sie über ein hohes Maß an personaler Identität verfügt. Für den Gesprächspartner bedeutet dies, dass er die Person besser einschätzen kann, dass sie kongruent in ihren Worten und Taten ist.
- **Risiken:** Wenn Menschen in der Ich-Position verharren, verstricken sie sich zu sehr in eigenen Mustern und Sichtweisen, werden unflexibel. Die Chancen, die eine kritische Distanz und das Einfühlen in das Gegenüber für die jeweilige Situation und die persönliche Entwicklung bieten, bleiben ungenutzt.

Das Du – den Blickwinkel des anderen einnehmen

Die zweite Position erkundet die Welt des anderen. Wer diese Wahrnehmungsposition, das Du, einnimmt, versetzt sich ganz in die Gefühlswelt, Gedanken und Denkstile seines Gesprächspartners, sieht die Dinge mit dessen Augen, hört mit dessen Ohren und fühlt, was dieser fühlt. Von seiner eigenen Person ist er dissoziiert, hat dazu also Abstand. In die Du-Position ist er dagegen ganz eingestiegen, vollständig assoziiert. Es geht darum, die Welt des anderen zu erkunden und zu verstehen. „Urteile nicht über einen anderen, bevor du nicht mindestens eine Meile in seinen Mokassins gelaufen bist", lautet ein altes Indianer-Sprichwort.

> In der Praxis kommt es oft vor, dass Menschen, die sich in die Du-Position begeben haben, plötzlich ihre Sprache verändern, den Wortschatz des Gegenübers verwenden, seine Gestik und Mimik übernehmen usw. Sie nimmt die Welt tatsächlich mit dessen Augen und Ohren wahr.

Beispiel für die Du-Position

Anke Müllers Coach führt sie anschließend in die so genannte zweite Position, um ihr Zugang zu den Denkweisen und Empfindungen ihres Mitarbeiters zu verschaffen. Sie assoziiert sich in die Denkweise von Peter Bach. Sie fragt sich: „Was ist mir als Peter Bach als Assistent von Anke Müller wichtig?" In der zweiten Position wird ihr die Hilflosigkeit bewusst gegen die deutliche sichtbare Verärgerung und die knappen Anweisungen, die die Chefin vorbringt. Sie empfindet – als Peter Bach – die Versuche, eigene Argumente anzubringen, als frustrierend und wenig motivierend, da sie nicht gehört wird und kein wirklicher Dialog stattfindet.

- **Chancen:** Durch die veränderte Sichtweise kann die Person erfahren, wie ihr Gegenüber die Lage einschätzt, welche Bedürfnisse und Emotionen der Gesprächspartner hat. Je mehr es gelingt, sich von seinen eigenen Sichtweisen, Denkstilen und Gewohnheiten zu lösen, desto tiefer ist der Zugang zu der Welt und der Landkarte des anderen. Weil die eigenen persönlichen Filter und Denkweisen (für kurze Zeit) abgelegt werden, erhält sie Zugang zu völlig neuem Erleben, neuen Bildern, Geräuschen und Gefühlen. Damit weitet sich die eigene Welt, erfährt eine Bereicherung, die persönliche Flexibilität erhöht sich und das soziales Einfühlungsvermögen wächst.
- **Risiken:** Wer die zweite Position zu stark betont, läuft Gefahr, die Belange anderer über eigene Ziele und Wünsche zu stellen. Diese Menschen leiden dann häufig unter einem schwachen Selbstwertgefühl, sie leben nicht ihr individuelles Leben.

Der Beobachter – die Lage sachlich analysieren

Die dritte Wahrnehmungsposition schaut als neutraler Beobachter auf das Ich und das Du. Er ist frei von Emotionen und analysiert die Beziehung von erster und zweiter Position zueinander. Die dritte Wahrnehmungsposition ist dissoziiert sowohl vom Ich als auch vom Du.

Beispiel für die Beobachter-Position

Nun betrachtet Anke Müller die Situation in der dritten Position von außen. Sie nimmt eine konkrete Konfliktsituation wie in einem Film, auf einer Leinwand wahr. Sie agiert nicht direkt und kann die beiden Beteiligten kritisch und ohne Emotionen aus der Ferne betrachten. Aus dieser Perspektive erkennt sie sofort das Ungleichgewicht in der Kommunikation. Die Art und Weise der Gespräche, das Verhalten und der Ton in der Unterhaltung sind Auslöser für die mangelnde Motivation bei Peter Bach, der sich zurückzieht. Ihr war ihr persönliches Verhalten als Vorgesetzte angemessen vorgekommen, von außen betrachtet erkennt sie jedoch, an welchen Stellen sie Fehler gemacht hat.

- **Chancen:** Eine Person, die eine Situation aus diesem Blickwinkel betrachtet, ist an ihr emotional nicht beteiligt, hat Distanz und vermittelt die Sichtweise von außen. Der Beobachter ist nicht Teil des Kommunikationssystem und verwendet nicht deren Muster und Interaktionen. Damit kann er aus dem Kreislauf der Emotionen und den Kommunikationsschleifen herausführen, in die sich die beiden anderen Positionen möglicherweise verstrickt haben. Abläufe, Spielregeln, Strukturen und Lösungsansätze liegen aus dieser Perspektive deutlich vor Augen. Die dissoziierte Betrachtung weitet den Blick zusätzlich, erkennt Abhängigkeiten und bringt Analyse und Sachlichkeit ins Spiel.
- **Risiken:** Eine Person, die die dritte Wahrnehmungsposition deutlich bevorzugt, erlebt und erfährt womöglich eigene Gefühle und die der Kommunikationspartner nicht oder nur unzureichend. Die Welt wird eher nüchtern und distanziert gesehen.

Beispiel für Erfahrungsgewinn

Alle drei Positionen haben dazu beigetragen, dass Anke Müller die unterschiedlichen Sichtweisen erfahren und gewürdigt hat. Aus diesen Erfahrungen heraus kann sie ihr Verhalten als Führungskraft verändern und anpassen.

Checkliste: Fragen der einzelnen Wahrnehmungspositionen

In der Ich-Position

- „Was denke ich (über mich)?"
- „Wie geht es mir?"
- „Wie beurteile ich die Situation?"
- „Welche Meinung habe ich von meinem Gegenüber?"

In der Du-Position

- „Wenn ich du wäre, wie dächte ich dann über mich?"
- „Wie fühlte ich mich in dieser Situation, wäre ich an deiner Stelle?"
- „Welche Meinung hätte ich dann über die anderen beteiligten Personen?"
- „Welche Einschätzung der Situation träfe ich unter dieser Voraussetzung?"

In der Beobachter-Position

- „Wie gehen Ich- und Du-Position miteinander um?"
- „Welche Reaktionen löst das individuelle Verhalten der Personen beim jeweils anderen aus?"
- „Wie läuft der Dialog untereinander ab bzw. was fehlt in der Kommunikation zwischen den Personen der ersten und der zweiten Position?"

Wie Sie sich in die unterschiedlichen Positionen begeben

Nicht jedem gelingt es auf Anhieb und ohne Schwierigkeiten, von einer in die andere Wahrnehmungsposition zu wechseln. NLP kennt verschiedenen Methoden, die diesen Vorgang erleichtern.

> Hilfreich ist oft, den Wechsel der Wahrnehmungsposition durch einen räumlichen Wechsel zu begleiten, also z. B. sich auf einen anderen Stuhl zu setzen oder in einen anderen Raum zu gehen. Damit schaffen Sie Distanz zur vorangegangenen Position und es fällt leichter, sich auf die neue Sichtweise einzulassen.

Eintauchen in die Ich-Position

Wenn es darum geht, ganz und vollständig in die erste Wahrnehmungsposition einzutauchen, hilft die so genannte Assoziierungstechnik. Hierfür werden die verschiedenen Repräsentationssysteme genutzt (s. Seite 22 ff.).

- Sich visuell zu assoziieren bedeutet im NLP, nicht nur, eine Situation oder eine Person vor dem inneren Augen entstehen zu lassen. Vielmehr modifiziert der Anwender im Anschluss innerhalb des vorgestellten Bildes die verschiedenen Eigenschaften, die zum Sinneskanal „Sehen" gehören – die so genannten Submodalitäten (s. Seite 109 ff.). Wie mit einem Regler verändert er z. B. Größe, Farben und Anordnung einzelner Elemente, variiert Konturen und Helligkeit.
- Im Sinnesbereich „Hören" taucht der Anwender zunächst in die akustische Kulisse einer Situation ein, um dann die auditiven Eigenschaften zu variieren. Stimmen, Geräusche,

Klänge können z. B. lauter, leiser, kürzer, länger, unterbrochen oder durchgängig vorgestellt werden.

- Assoziierung im kinästhetischen Bereich heißt, dass sich die Konzentration der Person auf das Körpergefühl richtet. Gibt es im Körper eine Stelle, an der sich das Gefühl deutlich von anderen Körperregionen unterscheidet, z. B. hinsichtlich der Temperatur, Druck oder Muskelspannung?

Die Assoziierungstechnik ermöglicht es, über die vielen Details, die dabei Beachtung finden, ganz in die Ich-Position einzutauchen und völlig neue Aspekte zu entdecken.

Die „Als-ob-Technik" – der Weg in die Du-Position

Um in die zweite Wahrnehmungsposition zu gelangen, ist es notwendig, so zu tun, als ob man tatsächlich die andere Person sei. Wer die Du-Position erreichen will, stellt sich im Detail vor, wie sich das Gegenüber verhält, wie und wo er lebt, was ihm wichtig ist.

Auch hier spielen die Sinne wieder eine große Rolle. Um sich möglichst weitgehend in einen anderen Menschen hineinversetzen zu können, sollte man all das hören, was er hört, all das sehen, was er sieht, als das fühlen, was er fühlt. Assoziieren bedeutet hier, vollständig in die Lebens- und Denkwelt des anderen Menschen einzutauchen, sich vorzustellen, dass man die gleichen Erfahrungen, Wünsche und Erwartungen hat: Es ist die Simulation einer zweiten, unterschiedlichen Welt. Je besser die Simulation und Assoziierung gelingt, desto mehr Informationen über und Verständnis für die andere Person entstehen.

Über die Dissoziationstechnik zur Beobachter-Position

Mithilfe von Dissoziationstechniken schaffen Menschen Distanz zu den von einem selbst oder von anderen erlebten Situationen. Sie treten sozusagen aus der aktuell ablaufenden Handlung, nehmen eine Art „Vogelperspektive" ein und bewerten die Sachlage neutral und möglichst emotionslos. Ebenso wie bei der Assoziierung über die verschiedenen Sinne Nähe geschaffen wird, entsteht bei der Dissoziation auf ähnlichem Weg Abstand:

- Bei der visuellen Dissoziation verändert der Betrachter seine Entfernung oder seine Position im vorgestellten Bild, sodass er z. B. wie aus einem Hubschrauber, von einem Berg herab oder durch einer durchsichtigen Mauer hindurch die Lage beobachtet.
- Auditive Dissoziation verändert z. B. die Entfernung, die Lautstärke oder die Geschwindigkeit von Stimmen und Geräuschen. So kann z. B. Abstand zu aggressiven und lautstark vorgetragenen Vorwürfen hergestellt werden und eine objektive Beurteilung erfolgen.
- Die kinästhetische Dissoziation nutzt z. B. die Körpersprache, um Distanz zu schaffen, etwa indem die Person die Arme verschränkt oder den Oberkörper zurücklehnt.

NLP-Technik 2: Ziele erreichen, Ressourcen nutzen

Wenn Ziele positiv und richtig formuliert sind, dann wirken sie motivierend und sind Motor für aktives Handeln.

Im folgenden Kapitel lesen Sie,

- wie Sie in neun Schritten zu wohlgeformten Zielen kommen, mit denen Sie Ihre Vorhaben besser umsetzen (S. 62), und
- wie Sie mit der Ankertechnik im richtigen Moment auf die notwendigen Ressourcen zugreifen können (S. 75).

Die Zielarbeit im NLP

Viele Menschen sind sehr gut darin, Fehler, Schwierigkeiten und Hindernisse detailliert zu schildern. Die Aufmerksamkeit richtet sich dabei in die Vergangenheit und auf genau beschriebene Problemsituationen. Die Fragen, die sie sich dann stellen, tragen nichts zur Zielerreichung bei.

Beispiele für problemorientierte Fragen

Was läuft falsch, was klappt nicht richtig?
Wie lange besteht das Problem schon?
Welche Ursachen gibt es für das Problem?
Welche Gründe gibt es, dass das Problem nach wie vor besteht?
Wer trägt die Schuld dafür, dass die eigenen persönlichen Ziele und Wünsche nicht verwirklicht werden?
Warum wurde noch nichts unternommen?

Ohne sich dessen bewusst zu sein, ist das Augenmerk auf Fehler gerichtet. Als Ziele formulieren diese Menschen negative Vermeidungsziele, d. h., sie listen auf, was sie alles nicht wollen. Und sie hoffen immer wieder darauf, dass es in einem neuen Anlauf, bei der nächsten Gelegenheit doch noch irgendwie klappt, die eigentlich angestrebten Ziele zu erreichen. Meist ist das aber auf diesem Weg entweder gar nicht oder erst nach längeren und manchmal schmerzlichen Umwegen möglich.

Auf Lösungen setzen

Was diesen Personen häufig – auch über einem längeren Zeitraum hinweg – nicht auffällt, ist die Tatsache, dass sie die Zickzackwege oder gar das Scheitern der Zielerreichung selbst verursachen – durch ihr eigenes Verhalten, durch mangelhafte Planung sowie durch fehlende oder falsche Formulierung von Zielen. Nicht die Beschreibung der auftretenden Schwierigkeiten oder dessen, was wir nicht wollen, führt uns zu Ergebnissen. Vielmehr gilt es, Ziele positiv und richtig zu formulieren (s. Seite 62 ff.). Dann sind sie sinnvoll, wirken motivierend und sind Motor für aktives Handeln.

Konzentration auf das Machbare

NLP arbeitet zielorientiert. Die Anwender konzentrieren sich auf Lösungen, formulieren klare Absichten und legen notwendige und umsetzbare Schritte fest. Dadurch wird die Energie auf das Machbare konzentriert und nicht an anderer Stelle verschwendet – z. B. im Verharren bei den Schwierigkeiten, auf der Suche nach möglichen Ursachen und Schuldigen oder in der Furcht vor potenziellen Folgen.

Eigene Ziele erforschen

Wer seine Ziele erfolgreich und effektiv umsetzen will, muss zunächst sehr genau und konkret wissen, was er wirklich will, welche Vorhaben er wie erreichen will. Er muss für sich Fragen beantworten wie: „Was ist für mich in meinem Leben, in meinem Alltag, in meinem Beruf wichtig?" und „Wo möchte ich hin – mit meinem Leben und in meinem Beruf?". Hinzu kommt noch die Reflexion über den persönlichen Einfluss, also die Handlungsmacht, und die individuellen Fähigkeiten. Schließlich ist es wenig sinnvoll, sich eine Weltkarriere als Pianist vorzunehmen, wenn man mit Mitte Zwanzig zum ersten Mal vor einem Klavier sitzt. Die dafür notwendigen Fähigkeiten sind dann kaum mehr zu erlangen.

Ein Ziel ist real und konkret

Im NLP werden „Utopie" und „Wunsch" deutlich vom Begriff „Ziel" abgegrenzt.

- Eine Utopie stellt eine unmögliche Zukunft dar, wie sie etwa die Science-Fiction-Literatur in fantasievollen Schilderungen und Szenarien ausmalt.
- Ein Wunsch beschreibt eine potenzielle Zukunft, also eine mögliche und eine wünschenswerte Zukunft.
- Ein Ziel ist dagegen geprägt durch Erreichbarkeit, wirkt in eine tatsächlich eintretende und absehbare Zukunft hinein, es ist konkret.

Ziele sind reale, praktisch umsetzbare Positionen, die heute, in der Gegenwart von der Person gedacht werden. Sie können mit allen Sinnen erfahren und wahrgenommen werden. Konkrete Handlungsbeschreibungen dienen als Wegweiser hin zum Ziel und zur Lösung. Das unterscheidet die NLP-Zielarbeit wesentlich von reinen Wünschen und guten Vorsätzen.

Neun Regeln für wohlgeformte Ziele

Um die persönlichen Ziele zu formulieren und erfolgreich umzusetzen, ist es wichtig, sie an einer bewussten Planung und Herangehensweise auszurichten. NLP verwendet hierfür den Begriff der „Wohlgeformtheit" von Zielen.

1. Regel: Formulieren Sie Ihre Ziele positiv

Zielformulierung im Sinne von NLP verwenden vor allem positive Wörter und Aussagen, Verneinungen wie „nicht", „keine" oder „ohne" kommen nicht vor. In der neurologischen Verarbeitung gibt es kein „Nein". Das menschliche Gehirn ist überfordert, wenn es an etwas nicht denken, sich etwas nicht vorstellen soll.

Beispiel für die Verarbeitung von negativen Formulierungen

Das Gehirn erhält den Befehl: „Denke nicht an einen roten Porsche". Die Reaktionen können sein: Der Gedanke an einen Porsche, allerdings an einen blauen. Oder ein rotes Fahrrad kommt dem Menschen in den Sinn – möglicherweise auch ein Ferrari. In den meisten Fällen aber erscheint vor dem geistigen Auge genau jener Gegenstand, der eigentlich gemieden werden soll: ein roter Porsche.

Negative Formulierungen beschreiben den Weg von etwas weg – aber wohin? Sie vermitteln keine Richtung, keinen Endpunkt. Zudem lenkt sie die Aufmerksamkeit auf das Unangenehme, das Problem. Wer an das „Nicht" denkt, repräsentiert innerlich das Problem. Die Formulierung: „Ich werde nicht mehr rauchen" stellt das Rauchen ins Rampenlicht – ebenso wie es zuvor im Beispiel mit dem roten Porsche der Fall war. Fragen Sie sich bei negativen Formulierungen: Wenn ich das nicht will, was will ich dann?

Bei manchen Formulierungen ist erst auf den zweiten Blick zu erkennen, dass sie negativ formuliert sind. Dazu gehören z. B. Sätze wie „Ich will mit den Rauchen aufhören", „Ich will verhindern, dass das Projekt scheitert" oder „Ich will meine Angst vor Schlangen verringern".

Beispiele für negative und positive Zielformulierungen

Negative Formulierung: „Ich mache nicht mehr so viele Fehler, wenn ich einen Brief an die Filiale in England schreibe."

Positive Formulierung „Ich lerne täglich mindestens drei neue englische Wörter und übe zehn Minuten lang die englische Grammatik."

2. Regel: Formulieren Sie Ihr Ziel prägnant und in der Gegenwart

Wohlgeformte Ziele sind in der Gegenwartsform, prägnant, im Aktiv und ohne Konjunktive verfasst. Formulierungen wie „Ich werde das Ziel erreicht haben" oder „Ich würde", „Ich könnte", „Ich möchte", „Ich sollte", „Ich versuche", „Ich gebe mir Mühe" o. Ä. vermitteln etwas Ausweichendes, das der gewünschten Klarheit der Ziele widerspricht.

Beispiele für nicht prägnante und prägnante Aussagen

Wenig prägnante Formulierung: „Ich würde gern mit meinen Kollegen aus England fließend sprechen können, wenn diese anrufen."

Prägnante Formulierung: „Ich besuche einmal pro Woche den Business-English-Kurs an einer spezialisierten Sprachschule."

3. Regel: Arbeiten Sie ohne Vergleiche

Vergleiche haben eine ähnliche Wirkung wie Verneinungen. Sätze wie „Ich will besser sein als im letzten Jahr" geben dem Gehirn keine Anhaltspunkte, wie das Ergebnis tatsächlich auszusehen hat. Was heißt besser? Besser in Bezug auf was? Wie kann ich dieses „Besser" erreichen und woran merke ich, dass ich es erreicht habe? Ziele, die so schwammig formuliert sind, bieten viele Ausweichmöglichkeiten bei der Umsetzung und werden eher selten erreicht.

Beispiele für Ziele mit und ohne Vergleich

Ziel mit Vergleich: „Ich werde besser Englisch sprechen als es zum jetzigen Zeitpunkt der Fall ist. In meinen Briefen sind weniger Fehler."

Ziel ohne Vergleich: „Bei Telefonaten aus England kann ich fließend und ohne Fehler Auskunft geben und die Anrufer höflich weitervermitteln. Meine Anschreiben sind fehlerfrei."

4. Regel: Ziele sollten sinnesspezifisch konkret sein

Motivierende Ziele sind mit den Sinnen wahrnehmbar und überprüfbar. Bei der Formulierung des Ziels sollten Sie sich fragen, woran Sie erkennen, ob Sie das Ziel erreicht haben oder nicht. Was sehen, hören und fühlen Sie ganz konkret in diesem Moment? Erleben Sie Ihre Ziele mit allen Sinnen.

Beispiele für nicht sinnesspezifische und sinnesspezifische Ziele

Nicht sinnesspezifisches Ziel: „Mein Englisch ist gut."

Sinnesspezifisches Ziel: „Am Ende des Business-English-Kurses halte ich mein Zertifikat in den Händen. Ich höre, dass meine englischen Kollegen in normalem Tempo sprechen und anspruchsvolle Wörter verwenden, weil sie wissen, dass ich sie gut verstehe. Bekomme ich einen englischen Brief, verstehe ich den Inhalt sofort und kann unmittelbar darauf reagieren. Ich sehe, dass meine englischen Briefe fehlerfrei sind."

5. Regel: Legen Sie Kriterien fest, an denen Sie die Zielereichung überprüfbar und messbar machen

Bereits bei der Ausarbeitung von Zielen sind eindeutige, messbare Erfolgskriterien notwendig. Sonst ist es nicht möglich, den jeweiligen Zielerreichungsgrad und den Zeitpunkt

der Zielerreichung zu erkennen. Sinnvoll ist es daher, z. B. ein konkretes Datum oder einen feststehenden Termin in die Zielformulierung aufzunehmen. Ungeeignet sind dagegen Wort wie „demnächst", „bald", „in Kürze" oder „in absehbarer Zeit". Jeder versteht etwas anderes unter diesen Begriffen und die Gefahr ist groß, dass die Aufgaben bei solchen Zeitvorgaben wieder und wieder verschoben werden.
Die Messbarkeit bezieht sich aber nicht nur auf den angestrebten Zeitpunkt. Auch in Bezug auf andere Faktoren gilt es, Kriterien zu definieren, z. B. die Festlegung auf bestimmte Stückzahlen, Erfolgsquoten, Qualitätsstandards usw.

Beispiele für nicht messbare und messbare Ziele

Nicht messbar: „Es gelingt mir, mein Englisch zu verbessern."

Messbar: „Bis zum 30.9. des nächsten Jahres habe ich alle vier Teile des Business-English-Kurses absolviert und das Zertifikat geschafft."

6. Regel: Überprüfen Sie die Auswirkungen Ihrer Ziele

Jeder Mensch ist Teil größerer Systeme, etwa seiner Familie, dem Betrieb, dem Freundeskreis. Jedes Ziel hat Auswirkungen nicht nur auf ihn selbst, sondern auch auf die Umwelt. Daher ist es wichtig, Vorhaben daraufhin zu prüfen, welche Konsequenzen und Auswirkungen sie auf die Umgebung haben. Womöglich stellt sich dabei heraus, dass sie nur zu einem Preis zu verwirklichen sind, den man nicht zu zahlen bereit ist. Zu diesem Zweck wird im NLP noch die so genannte ökologische Prüfung der Zielformulierung vorgenommen. Sie untersucht die Neben- und Wechselwirkungen der Zielerreichung.

Auch wenn es auf den ersten Blick schwer fällt, die Schattenseiten eines motivierenden Ziels zu beleuchten - es ist wichtig, sich die konkrete Frage nach äußeren oder inneren Widerständen, Hindernissen und Zweifeln zu stellen. Mit dem so genannten Öko-Check erreichen Sie, dass die Ziele mit allen Aspekten Ihrer individuellen Lebenssituation in Einklang stehen.

Die Zielformulierung und der Erfolg der individuellen Ziele lassen sich an folgenden ökologischen Kriterien messen:

- Situation und Kontext: In welcher Situation und in welchem Umfeld ist das Ziel angemessen?
- Konsequenzen: Welche Konsequenzen ergeben sich aus der Zielerreichung? Wen betrifft das noch?
- Einwände und Zweifel: Was spricht gegen das Ziel? Wer könnte Einwände haben? Welche inneren Widerstände gibt es in der Person selbst?
- Kosten: Auf was muss eventuell verzichtet werden? Welche Nachteile ergeben sich?

Beispiel für die ökologische Prüfung

„Die Teilnahme am Business-English-Kurs kostet ungefähr 1500 Euro. Das bedeutet, dass ich nicht in den Urlaub fahren kann. Der Kurs findet zweimal in der Woche abends und einmal monatlich auch am Wochenende statt. Ich kann daher für anderthalb Jahre nur noch einmal in der Woche zum Volleyball-Training gehen. Außerdem habe ich weniger Zeit, um an den Wochenenden zu meinem Partner nach Berlin zu fahren."

7. Regel: Richten Sie kurze Feedbackbögen ein

Bei Zielen, deren Erreichung in ferner Zukunft liegt, besteht die Gefahr, dass man sie aus den Augen verliert. Deshalb ist es wichtig, kurze Feedbackbögen einzurichten, die die Fortschritte sichtbar machen und dadurch motivierend wirken. Langfristige, größere Ziele lassen sich in kurzfristigere, kleinere Teilziele zerlegen. Die Vorteile sind:

- Die einzelnen Ziele und die entsprechenden Zeitspannen sind überschaubarer.
- Anhand der Zwischenschritte ist überprüfbar, ob Größe und realistische Umsetzbarkeit des Ziels stimmen.
- Es sind wesentlich früher Indikatoren vorhanden, ob man sich mit der Umsetzung auf dem richtigen Weg befindet.
- Die Erreichung der Teilziele gibt Gelegenheit, sich selbst bereits zwischendurch zu belohnen. Das motiviert und wirkt als Verstärker auf dem Weg zum großen Ziel.

Beispiel für Teilziele

„Bis um 30.9. diesen Jahres habe ich den ersten Teil des Business-English-Kurses erfolgreich abgeschlossen, bis zum 31.3. des nächsten Jahres den zweiten Teil. Den dritten Teil habe ich bis zum 30.6. des nächsten Jahres geschafft."

8. Regel: Legen Sie Ihre persönlichen Ziele so fest, dass deren Erreichbarkeit in Ihrer eigenen Kontrolle liegt

Oft haben Ziele eine Verhaltensänderung von anderen Personen zum Inhalt, z. B. „Ich möchte, dass ich bei meinen Kollegen als Fachmann akzeptiert werde". Allerdings gibt es keine direkte Möglichkeit, „Akzeptanz" bei anderen Menschen aktiv herzustellen. Die richtige Frage in diesem Zusammenhang lautet: „Wie muss ich mich verhalten, damit mich meine Kollegen als Fachmann wahrnehmen und beurteilen?". Die Ziele, die sich aus diesen Fragen ergeben, hängen ausschließlich von den individuellen Fähigkeiten und dem persönlichen Handeln ab.

Beispiele für nicht kontrollierbare und kontrollierbare Ziele

Nicht kontrollierbar: „Ich möchte, dass meine Kollegen in England mein gutes Englisch erkennen und anerkennen."

Kontrollierbar: „Ich spreche am Telefon und auf Meetings fließend und gewandt Englisch mit meinen Kollegen und führe bei Gelegenheit auch Smalltalk mit ihnen."

9. Regel: Formulieren Sie Ziele, die für Sie persönlich attraktiv und interessant sind

„Mein Chef erwartet von mir ..." oder „ich sollte mal wieder ..." – das klingt beides weder interessant noch herausfordernd. Ziele sollten einen deutlichen persönlichen Nutzen stiften, nur dann sind sie es in den Augen der betreffenden Person wert, dass Energie in sie investiert wird.

Beispiel

Wenig attraktiv: „Mein Vorgesetzter erwartet von mir, dass ich mein Englisch verbessere."

Attraktiv: „Ich bewältige meine englischsprachige Korrespondenz in der Hälfte der Zeit."

Checkliste: Überprüfen Sie Ihre Zielformulierungen

Kriterium	ja	nein
Ist das Ziel positiv verfasst?		
Ist es in der Gegenwart und im Aktiv formuliert?		
Ist es ohne Vergleiche aufgesetzt?		
Wissen Sie, woran Sie merken werden, dass Sie das Ziel erreicht haben, was Sie sehen, hören, fühlen werden?		
Sind messbare Erfolgskriterien definiert?		
Steht fest, wann genau das Ziel erreicht ist?		
Haben Sie geklärt, wen das Ziel (noch) betrifft?		
Sind eventuelle Zweifel und Einwände Dritter im Vorfeld ausgeräumt worden?		
Wissen Sie, wer Sie eventuell bei der Zielerreichung behindern wird?		
Haben Sie sich überlegt, wer Sie bei der Zielerreichung unterstützen kann?		
Steht das Ziel im Widerspruch zu anderen persönlich wichtigen Zielen?		
Haben Sie bei der Zielformulierung die Veränderungen auf Ihr Umfeld berücksichtigt?		
Sind Sie sich über die Konsequenzen im Klaren, die sich für Sie persönlich ergeben?		

Kriterium	ja	nein
Haben Sie über die Nachteile des Ziels nachgedacht? Über den Preis bzw. die (materiellen und immateriellen) Kosten?		
Ist es Ihnen die Erreichung des Ziels wert, dass Sie dafür womöglich etwas anderes aufgeben müssen? Wissen Sie, was Sie gegebenenfalls opfern müssen?		
Wissen Sie, welche Vorteile Ihnen die Zielerreichung bringt, was Sie gewinnen?		
Kennen Sie die Bedingungen, die zu erfüllen sind?		
Hat Ihr Ziel die richtige Größe, ist es überschaubar, ist es attraktiv?		
Ist das Ziel in kleinere Teilziele zerlegbar?		
Ist der Zeithorizont klar definiert und realistisch?		
Haben Sie Zwischenschritte festgelegt?		
Hängt das Ergebnis von Ihnen ab? Sind Sie selbst für die Erreichbarkeit des Ziels verantwortlich?		
Bereichert die Zielerreichung, die Umsetzung des Ziels Ihr Leben?		

Fragen, die Sie mit „Nein" beantworten, zeigen einen Handlungsbedarf auf: An diesen Stellen sollten Sie nochmals in die Zielarbeit einsteigen.

Persönliche Ziele erreichen

Wohlgeformte Ziele zu formulieren und sie dem Öko-Check zu unterziehen, steht am Anfang der Zielarbeit. Entscheidend ist aber die Umsetzung. Denn was bringt die schönste Zielformulierung, wenn die Umsetzung ausbleibt?

Handlungsplan erstellen

Wer die ersten Handlungsschritte hin zum konkreten Ergebnis plant und festlegt, setzt seine Ziele eher um. NLP verwendet dazu die so genannte „Future Pace"-Technik.

Schritte zur Zielerreichung simulieren

Beim Future Pace stellt sich der Anwender vor, wie er einen oder auch mehrere Schritte hin zum Ziel macht. Wie sieht die jeweilige Situation aus? Wie genau verhält er sich? Was ist der erste Schritt und welche weiteren folgen dann zu welchem Zeitpunkt? Damit schlägt er eine Brücke von der Zieldefinition in der Gegenwart hin zur zukünftigen Situation und verknüpft gewünschte, geplante Veränderungen mit konkreten und realen Handlungen.

Aktionsplan schriftlich festhalten

Besonders gut hat sich ein schriftlicher Aktionsplan bewährt, der wie ein Fahrplan zeigt, wo es lang geht.

- Der Aktionsplan hält die Eckdaten und Maßnahmen für die bewusste Umsetzungsphase fest und bringt sie in eine logische zeitliche Reihenfolge.

- Er zeigt wann, von wem, wo, mit welchen Mitteln, unter welchen Bedingungen und innerhalb welchen Zeitrahmens erste Schritte umzusetzen sind.
- Er dient dazu, das Unbewusste sozusagen auf die Realisierung der Ziele zu programmieren. Dazu wird er regelmäßig durchgelesen und für Probedurchgänge der weiteren Schritte und zur Visualisierung des Ziels genutzt.

Verantwortlichkeit erkennen und Erfolge belohnen

Häufig sind Ziele auch mit Fragestellungen verknüpft, die andere Menschen, z. B. Teamkollegen oder Familienmitglieder, betreffen. Dabei ist es besonders wichtig, auf die eigene Verantwortlichkeit zu achten. In der Umsetzungsphase stehen dann Fragen im Vordergrund wie „Was muss ich persönlich tun, dass mein Kollege so handelt, dass genau das geschieht, was mir in der Zielumsetzungsphase nützt und mich im Prozess hin zum Ziel unterstützt?".

Nicht zuletzt gilt es, sich für Meilensteine, die erreicht wurden, auch zu belohnen. Die Anerkennung für die eigene Leistung fällt vielen Menschen schwer, erleichtert es aber, gerade bei langfristigen Zielen am Ball zu bleiben. Vereinbaren Sie mit sich selbst eine Belohnung für den Moment, wenn ein Teilziel geschafft ist. Achten Sie aber darauf, dass Ergebnis und Anerkennung in einem guten Verhältnis zu einander stehen: z. B. ein Kinobesuch für einen kleinen Teilschritt, ein neuer Pullover für ein großes Zwischenergebnis.

Checkliste: Schritte zur Zielerreichung

Fragen	ja	nein
Welche einzelnen Schritte sind notwendig?		
In welcher zeitlichen und logischen Reihefolge sollten Sie sie unternehmen?		
Welchen Zeitrahmen erfordern die einzelnen Schritte?		
Wer ist gegebenenfalls bei ihnen beteiligt?		
Was ist für die Umsetzung nötig?		
Wie können Sie sicherstellen, dass Sie an Ihre Umsetzungsstrategie erinnert werden?		
Was ist der erste Schritt zur Zielerreichung?		
Wann genau erfolgt der erste Schritt?		
Wo genau, in welcher Situation, an welchem Ort erfolgt der erste Schritt?		
Was und wie genau werden Sie beim ersten Schritt sagen, hören, fühlen und tun?		
Woran erkennt Ihr Umfeld, dass Sie mit der Zielerreichung begonnen haben?		
Wie belohnen Sie sich am Ende bei der Zielerreichung?		

Mit der Ankertechnik Ressourcen nutzen

Die elfte Grundannahme besagt, dass Menschen alle Ressourcen besitzen, die sie für die Zielerreichung brauchen. Im Alltag geht es darum, diese Ressourcen anzuzapfen, um Aufgaben erfolgreich anzugehen. NLP benutzt in diesem Zusammenhang so genannte Anker.

Welchen Einfluss Anker auf unsere Welt haben

Gefühle haben einen deutlichen Einfluss auf die betreffende Person und wirken sich auf ihr Denken und Verhalten aus. Oft sind die emotionalen Zustände von außen sichtbar, so ist z. B. Freude den meisten Menschen an Gesicht, Körperhaltung, Stimme usw. anzumerken. Grundlage der Emotionen sind Erlebnisse, also spezifische, äußere Reize, die von den Sinnen wahrgenommen und dann im Gehirn verarbeitet und gespeichert, also mit einem neurologischen Impuls verbunden werden. Treten diese spezifischen Reize erneut auf – und sei es nur gedanklich z. B. als Erinnerung –, rufen sie wieder die gleichen neurologischen Prozesse hervor. Dieser Vorgang des „Wieder-Präsent-Machens" von sinnlichen Eindrücken heißt Ankern.

So wirken Anker im Alltag

Heitere und unterstützende Anker stärken den Menschen, unangenehme Erinnerungen und Emotionen führen dagegen zu unerwünschten Effekten und behindern die Betroffenen häufig: Allein die Vorstellung einer Prüfungssituation löst bei manchen Menschen Schweißausbrüche aus, andere erstarren in Fahrstühlen vor Angst, weil sie aufgrund individueller Erfahrungen beengende Situationen nicht ertragen. Unser Alltag ist voll von Ankern.

Beispiel

Gerd Hartmann findet auf dem Speicher eine Kiste mit Jugenderinnerungen. Während er das alten Bravo-Plakat der Rolling Stones betrachtet und die Reliquien seiner Teenagerzeit hervorholt, sind plötzlich alle Erinnerungen hellwach – gerade so, also ob er alles im Augenblick erlebt. Vor seinem inneren Auge tauchen die Parties bei Freunden auf und die ersten Verabredungen. Sein Gesichtsausdruck wirkt leicht entrückt. Obwohl viele Jahre seitdem vergangen sind, fühlt er sich, als wäre er 17. Allerdings mischt sich in die entspannte Stimmung auch die Erinnerung an die Reaktionen seiner Eltern. Emotionen der Wut und der Hilflosigkeit treten ebenfalls aus der Vergangenheit hervor.

Diese Beispiele ließen sich endlos fortsetzen: das Lied im Radio, das uns an den letzten Urlaub in der Karibik erinnert; der Duft des Kölnisch Wasser der Lieblingstante, die Geste des Chefs, die unangenehme Gedanken an den strengen Lehrer hervorruft. Die rote Ampel als visueller Anker zwingt Verkehrsteilnehmer dazu, stehen zu bleiben. Die Werbung nutzt Anker, indem sie Firmenlogos, Farben, Melodien und Slogans miteinander verknüpft, um Verbraucher zum Kaufen anzuregen.

Anker dienen der Orientierung und steuern das menschliche Leben, sie bestimmen Gewohnheiten und Routine. Positive Anker schaffen das Potenzial für Erfolg, negative Anker haben Blockaden und Beeinträchtigungen zur Folge. In den meisten Fällen wirken sie unbewusst, d. h., sie sind nicht dem Willen unterworfen, sondern treten sozusagen überraschend wie ein Geschenk oder Angriff aus den Tiefen des Unbewussten auf. NLP hingegen nutzt die Zusammenhänge, indem es die Energie, die in positiven Erinnerungen und Erlebnissen steckt, über Anker in die gegenwärtige Situation überträgt.

> Positive Anker bewusst anzuwenden, sie aktiv zu setzen und bei Bedarf gezielt zu „feuern" (so heißt das Auslösen des Ankers) ist eine wesentliche NLP-Technik.

Welche Anker es gibt

Anker kommen in allen Repräsentationskanälen vor:

- Visuelle Anker können z. B. Symbole, Bilder, Farben und Formen sein;
- auditive Anker bestehen z. B. in Geräuschen, Klängen, Melodien, Wörtern und Satzfolgen, Zitaten, Dialekten, Stimmfärbungen usw.;
- als kinästhetische Anker kommen z. B. Bewegungen, Gestiken, Körperhaltungen, Berührungen, Gefühle usw. in Betracht;
- gustatorische Anker finden sich z. B. im Geschmack bestimmter Speisen oder Stoffe (z. B. Löffel oder Seife);
- olfaktorische Anker sind Gerüche und Düfte.

Nutzen Sie mit der NLP-Ankertechnik Ihre Potenziale

Die Ankertechnik macht sich die Verarbeitungsgewohnheiten des menschlichen Gehirns zunutze und setzt die neurologischen Vorgänge, die in der Regel unbewusst ablaufen, gezielt zur Ressourcennutzung ein. Die individuelle Lebensgeschichte ist reich an positiven Ankern und kann immer wieder angezapft werden. Der Anwender verknüpft ganz bewusst positive Erfahrungen (z. B. einen Moment der Kreativität, der Selbstsicherheit, des Humors oder der Gelassenheit) mit einem bestimmten, jederzeit nachvollziehbaren, körperlichen Reiz, etwa mit einem Druck auf die Innenseite des kleinen rechten Fingers. Benötigt die Person zu einem späteren Zeitpunkt eine der genannten Ressourcen, muss sie beispielsweise besonders kreativ sein, drückt sie die betreffende Stelle, an der der Anker sitzt. Schon steht die gewünschte Eigenschaft, also z. B. Kreativität, zur Verfügung. Positive Anker verbinden also wertvolle Erfahrungen in der Vergangenheit in einer gegenwärtigen, aktuellen Situation.

Der Nutzen der NLP-Ankertechnik

Mit der Ankertechnik kann der Anwender emotionale Zustände herstellen, die ihn in der Erreichung seiner Ziele unterstützen. Situationen gewinnen durch sie an positiver Energie, denn sie mobilisieren und erschließen alle positiven Erfahrungen des Individuums. Anker wirken unmittelbar in dem Moment, in dem sie gebraucht werden, sie lassen sich schnell und immer wieder mit gleicher Wirkung abrufen. Zudem nutzt die Ankertechnik alle Sinneskanäle. Je mehr Sinne vereint sind, wenn der Anker gesetzt wird, desto größer kann seine Wirkung sein.

In zehn Schritten Ressourcen ankern

Ein positiver, bewusster Anker wird in zehn festgelegten, aufeinander aufbauenden Schritten gesetzt. Ziel ist, durch die Berührung eines zuvor ausgewählten Körperteils den Anker zu feuern und damit positive Ressourcen und Energien zur Verfügung zu haben.

Verankerung vorbereiten

1. Schritt: Machen Sie es sich bequem, ziehen Sie sich an einen Ort zurück, an dem Sie nicht gestört werden.

2. Schritt: Wählen Sie eine konkrete, aktuelle Situation aus, für die Sie eine Veränderungen wünschen, in der Sie anders reagieren möchten. Benennen Sie danach jene Eigenschaft, die Ihnen zur Zeit fehlt, z. B. Mut, Humor oder Kreativität.

3. Schritt: Finden Sie nun drei Situationen aus Ihrer Vergangenheit, in denen Ihnen genau jene nun fehlende Ressource zur Verfügung stand, in der Sie also Mut bewiesen haben, humorvoll waren oder vor Kreativität nur so sprühten.

4. Schritt: Wählen Sie diejenige Situation aus, in der die Eigenschaft am klarsten und intensivsten vorhanden war.

5. Schritt: Überlegen Sie nun, wo Sie den kinästhetischen Anker setzen wollen, wo also die positive Erinnerung verankert werden soll. Dazu suchen Sie sich eine Körperstelle aus, die im Alltag gut und unauffällig erreichbar ist. Kinästhetische Anker können sein:

- Umfassen der Handgelenke,
- Zusammenführen einzelner Finger, z. B. Daumen und Ringfinger,
- Druck auf einen Knöchel,
- Berühren einer Stelle am Arm,
- leichter Druck mit der Handfläche auf einen Oberschenkel.

> Prüfen Sie, ob die gewählte Körperregion womöglich schon „besetzt" ist, indem Sie sie drücken. Sind dort Erinnerungen verankert, tauchen diese nun auf. Wenn nicht, können Sie die Stelle verwenden. Es ist jetzt und bei den folgenden Schritten wichtig, darauf zu achten, dass die Intensität des Drucks immer gleich ist. So ist das Ergebnis im gleichen Umfang abrufbar.

6. Schritt: Gehen Sie in Ihrer Erinnerung in die Situation, in der Ihnen die gewünschte Ressource zur Verfügung stand. Holen Sie sich die einzelnen Sinneserfahrungen im Detail in die Gegenwart, tauchen Sie ganz in die Erinnerung ein. Sehen Sie, was es in dieser Situation zu sehen gab. Lassen Sie die Bilder vor dem inneren Auge heraufziehen. Wenn Ihnen das anfangs schwer fällt, blicken Sie nach oben, dann kommen die Bilder ganz selbst (s. Seite 27). Hören Sie auf die Geräusche, die in der damaligen Situation die Kulisse bildeten, denken Sie an die Gerüche und gegebenenfalls auch an den Geschmack. Kosten Sie alle Sinneseindrücke voll aus. Spüren Sie auch noch einmal alle dazu gehörigen Gefühle. Nehmen Sie sich Zeit, um wieder ganz und intensiv in das Erlebnis einzusteigen. Durch das Wiedererleben verbinden Sie die

Sinneserfahrungen ganz bewusst mit der von Ihnen ausgewählten Ressource, die Sie ankern wollen.

7. Schritt: Kurz nachdem die Empfindungen auf einem Höhepunkt angekommen sind, verändern Sie Ihre Körperhaltung und Ihre Position im Raum, unterbrechen Sie bewusst den Prozess. Im NLP nennt man das einen Separator.

Den Anker setzen

Die Schritte 1 bis 7 waren die Vorbereitung für den nun folgenden, eigentlichen Vorgang des Ankerns.

8. Schritt: Wiederholen Sie den sechsten Schritt und holen Sie sich erneut alle Gefühle, Bilder, Geräusche, Gerüche ganz plastisch aus der Erinnerung in die Gegenwart. Lassen Sie sie wieder ganz stark werden. Kurz, bevor die Empfindungen ihr Maximum erreicht haben, drücken Sie die im fünften Schritt ausgewählte Körperstelle – setzen Sie den Anker.

9. Schritt: Gehen Sie nun wieder ganz bewusst aus dem Erleben heraus. Denken Sie an etwas anderes.

10. Schritt: Testen Sie die Wirkung Ihres Ankers, indem Sie ihn feuern. Berühren Sie die Körperstelle mit dem gleichen Druck und der gleichen Dauer wie im achten Schritt. Damit stellt sich die ganze Bandbreite der erinnerten Situation und Empfindungen ein.

So unterschiedlich Menschen sind, so verschieden wirken auch die verwendeten Anker. Manche verbinden dabei drei Sinneskanäle miteinander, d. h. sie stellen sich Bilder oder Farben vor, sprechen innerlich ein Wort. Außerdem unterstreicht eine Geste den Anker. Andere nutzen nur einen Sinneskanal, z. B. eine Bewegung. Boris Beckers ballte z. B. die Siegerfaust als Motivationsanker beim Tennisspiel.

So verstärken Sie die Wirkung der Anker

Womöglich braucht der Anker etwas Zeit und Übung, bis er seine volle positive Kraft entfaltet. Es sind vor allem vier Faktoren, ihn wirkungsvoller machen können:

1. **Intensität:** Je intensiver die Gefühle einer Person während des Ankervorgangs sind, desto wirkungsvoller ist das Ergebnis, der Anker.
2. **Optimaler Zeitpunkt:** Die maximale Effizienz entwickelt ein Anker, wenn er im achten Schritt kurz vor dem Höhepunkt der Gefühle gesetzt wird.
3. **Prägnanz:** Je markanter und je einzigartiger der auslösende Reiz (also z. B. der Druck auf den Knöchel des linken, kleinen Fingers) ist, desto stärker kann der Anker seine Wirkung entfalten.
4. **Wiederholung:** Je häufiger ein Anker eingesetzt wird, je öfter geübt wird, desto deutlicher zeigt sich sein Nutzen. Wichtig ist, dass der Anker in der gleichen Art und Weise ausgeführt wird, also an der exakten Stelle, mit dem selben Druck etc.

NLP-Technik 3: Sprache als wirkungsvolles Instrument einsetzen

Jeder Mensch verwendet Sprache auf seine ganz eigene Weise. Sie ist wichtiges Kommunikationsmittel, aber auch eine häufige Quelle für Missverständnisse.

Im folgenden Kapitel lesen Sie,

- warum wir uns überhaupt verständigen können (S. 84) und
- mit welchen Fragen wir jene Informationen zutage holen, die nicht ausgesprochen wurden (S. 91).

Warum die Verständigung mittels Sprache funktioniert

Sprache hat verschiedene Funktionen. Über sie treten Menschen in Kontakt zu einander, drücken ihre emotionale Reaktionen aus und erzeugen Handlungen. Sie überträgt die Erfahrungen, die in der Außenwelt gemacht und durch die Sinnesorgane vermittelt werden, in die Innenwelt der neurologischen Verarbeitung. Gleichzeitig findet auch der umgekehrte Weg statt: Innere Gedanken und Landkarten werden gemäß NLP über die Sprache für den Kommunikationspartner erfahrbar (s. Seite 91 ff.).

Jeder versteht etwas anderes

Der sprachliche Ausdruck als Ganzes repräsentiert ebenso wie einzelne Worte die ganz persönlichen Erfahrungen und Wahrnehmungen der Person, die spricht.

Sprache bedeutet Vieldeutigkeit

Die Folge ist, dass das gleiche Wort, die identische Aussage bei verschiedenen Menschen unterschiedliche Assoziationen, Gefühle und Vorstellungen erzeugen.

Beispiel für die unterschiedliche Interpretation eines Worts

Jemand liest „Korb". Mögliche Assoziationen, die ihm dabei – je nachdem, welches individuelle Landkarte er nutzt und in welchem Kontext das Wort steht – einfallen könnten, sind: ein geflochtener Einkaufskorb; ein Wäschekorb aus Plastik; der Korb, den ein Mädchen einem hartnäckigem Verehrer gibt; der Rettungskorb am Ende einer Feuerwehrleiter; die Behausung der Bienen ..

Im Gespräch mit anderen kann sich also niemand darauf verlassen, dass ein Wort bei jedem Menschen die gleiche Erfahrung und neurologische Repräsentation bedeutet. Je nach dem, wer spricht oder wer hört, bekommen das Gesagte und das Gehörte eine ganz eigene, persönliche Bedeutung.

Individuelle Zuschreibungen lassen viel Raum für Interpretationen

Diese individuellen Zuschreibungen machen sich vor allem Dichter, Werbetexter und Redner zunutze: Sie lassen mit ihrer Sprache absichtlich viel Platz für Interpretationen:

- Mehrere Menschen lesen das gleiche Buch und jeder schafft sich dabei seine eigene Welt. Daher sind auch viele Leser bei Romanverfilmungen enttäuscht: die gezeigten Bilder weichen zu weit von den inneren Vorstellungen ab.
- Die Werbeaussage im Reiseprospekt „Sie werden in angenehmer Atmosphäre mit netten Leuten einen entspannten Urlaub erleben" lässt viel Raum für die Fantasie, denn für jeden Menschen heißt „Entspannung", „nette Leute" und „angenehme Atmosphäre" etwas anderes. Werbetechnisch fühlen sich alle Verbraucher positiv angesprochen.
- Politiker reden von „großen Errungenschaften" und „beachtlichen Erfolgen", ohne diese näher zu benennen – und sorgen so dafür, dass sich die Aussagen nur schlecht überprüfen lassen: Wann ist eine Errungenschaft groß? Wann ein Erfolg beachtlich?

Im Alltag herrscht hinreichende Übereinkunft

Dass wir im Alltag und in der Welt, die uns umgibt, dennoch meist recht erfolgreich kommunizieren, liegt daran, dass wir stillschweigend eine hinreichende Übereinkunft getroffen haben. Wir sind uns in der Regel einig, was gemeint ist. In vielen Fällen reichen dafür ähnliche Erfahrungen und Assoziationen aus. Dann schafft Sprache Beziehungen, Dialog und tragfähige Kommunikation.

Beispiele für eine hinreichende Übereinkunft

Eine Reinigungskraft in einem Hotel sagt zu ihrem Kollegen: „Wo ist denn der Korb?". Mit höchster Wahrscheinlichkeit wird ihr Kommunikationspartner nicht an einen Bienenkorb denken, sondern an den Wäschekorb, der vor ihm steht. Genau anders herum verhält es sich, wenn sich zwei Imker über ihre Bienenstöcke unterhalten.

Allerdings kommt es manchmal vor, dass scheinbar Übereinstimmung herrscht, sich auf den zweiten Blick jedoch eine Kluft auftut zwischen dem, was gemeint war, und dem, was verstanden wurde. Dann kann Sprache, oft auch nur ein einzelnes Wort, Missverständnisse hervorrufen und die Kommunikation erschweren. Worte können auch Waffen sein bzw. zerstörerisch wirken – das hat vermutlich jeder schon einmal erlebt.

Mit Sprache über Sprache reden

Sprache kann nicht alles ausdrücken, was dem Menschen an Informationen zur Verfügung steht. Sehr vieles wird verallgemeinert, weggelassen und verzerrt. Nur so ist die Bewältigung der Datenfülle, die permanent auf den Menschen einströmt und die sein Gehirn verarbeitet, möglich. Diese notwendigen Prozesse sind häufig die Ursache für die Störungen in der Kommunikation.

Was ist ein Meta-Modell?

Erfolgreiche und professionelle Kommunikatoren wissen um diese Zusammenhänge. Um die jeweilige Bedeutung der Sprache ihres Gegenübers herauszufinden, verwenden sie eine Methode, die im NLP Meta-Modell heißt. Dahinter steht die Grundannahme, dass jeder Mensch eine individuelle Landkarte der Welt besitzt und diese sich in der benutzen Sprache spiegelt.

Meta-Modell bezeichnet die übergeordnete Ebene

Hinter dem sprachlichen Konstrukt können sich viele verschiedene Informationen verbergen: individuelle Erfahrungen und Assoziationen, unterschiedliche Sinneswahrnehmungen und damit unterschiedliche neurologische Verarbeitungen, individuelle Emotionen sowie kulturell erlernte Unterschiede. Also stellt sich die Frage, wie man die Erfahrungen hinter den Begriffen herausfinden kann.

Dazu dient das Meta-Modell. Es bezeichnet eine übergeordnete, zweite Ebene, oberhalb der gesprochenen Sprache. Mithilfe der Sprache setzen sich die Gesprächspartner über Sprache, sprachliche Strukturen und die Art und Weise verbaler Kommunikation auseinander.

Gespräche über die Sprache selbst kommen übrigens häufig und auch im Alltag vor. Wann immer zwei Personen klären, worüber sie eigentlich gerade sprechen, z B. ob sie in ihrer letzten Bemerkung den Wäschekorb oder den Einkaufskorb meinten, haben sie sich über Sprache ausgetauscht.

Welchen Zweck verfolgt das Meta-Modell?

Das Meta-Model liefert dem Anwender einige Vorteile und Nutzen:

- Das Meta-Modell gibt präzise Informationen, was mit einer Aussage gemeint ist. Notwendige Informationen werden durch die Beteiligten erfragt, mehrdeutige, unklare Aussagen konkretisiert.
- Die Kommunikationspartner hinterfragen, ob ihre eigenen Interpretationen der Aussagen ihres Gegenübers zutreffen. Sie überprüfen also die Ergebnisse ihres „Gedankenlesens".
- Es gelingt, Bedeutungen zu erhellen und die Meinungen anderer Menschen herauszufinden. Durch gezielte Fragen können die Anwender individuelle Assoziationen ihres Kommunikationspartners nachvollziehen und in ihre eigenen inneren Landkarten übertragen. Dadurch steigt das gegenseitige Verständnis.

- Individuelle Einschränkungen (z. B. Vorannahmen, die für den Kommunikationspartner unklar sind), werden aufgespürt, hinterfragt und erkannt.
- Wer weiß, welche Informationen durch die Sprache nicht vermittelt, also weggelassen, verzerrt oder verallgemeinert wurden, kann mehr Klarheit in die Kommunikation und zusätzliche Bewegung ins Gespräch bringen.
- Erhält die Sprache erweiterte Bedeutungen, d. h. kommen neue Informationen hinzu, so ergeben sich erweiterte Wahlmöglichkeiten in der Kommunikation. Dadurch entstehen zusätzliche Ressourcen für alle Beteiligten.

Was alles nicht gesagt wird

Der zentrale Gedanken, der dem Meta-Modell zugrunde liegt, ist, dass Sprache verschiedene Strukturen hat: eine so genannte Oberflächenstruktur und eine Tiefenstruktur.

Die Oberfläche ist der konkrete Ausdruck

Die tatsächlich gesprochenen Wortfolgen, die konkret geäußerten Sätze bilden die Oberflächenstruktur. Sie zeigt sich in der Art und Weise des Sprechens, in der Wortwahl, der Form des Satzes, seinem Satzbau mit den einzelnen Elementen.

Die Bedeutung erkennen

Die Tiefenstruktur gibt der Oberflächenstruktur ihre Bedeutung. Die Worte erhalten durch sie ihre Inhalte und Informationen. Ein Wort kann mit mehreren Tiefenstrukturen verbunden sein, so entsteht die Mehrdeutigkeit (Ambiguität) der

Sprache, so wie es am Beispiel des Worts „Korb" zu sehen war. Andererseits kann eine Tiefenstruktur zu verschiedenen Oberflächenstrukturen transformiert werden, die alle die gleiche Bedeutung haben. So kann die Ablehnung eines Verehrers mit „Sie gibt ihm einen Korb." beschrieben werden, aber auch durch „Sie ließ ihn abblitzen." und „Sie wimmelte ihn ab."

Wie aus der Tiefenstruktur die Oberflächenstruktur wird

Um von der Tiefenstruktur der vorliegenden Information zur Oberflächenstruktur der konkreten Sprache zu kommen, geht das menschliche Gehirn über drei Stufen.

1. Während der Tilgung selektieren Menschen die vorliegenden Informationen, viele davon werden ausgelassen, also getilgt.
2. Bei der Verzerrung findet eine Vereinfachung der Informationen statt. Dadurch verändert – verzerrt – sich deren Bedeutung.
3. Die Verallgemeinerung führt letztlich dazu, dass Ausnahmen und besondere Bedingungen der Umwelt weggelassen werden. Die Situation wird als allgemein gültig dargestellt.

Das Meta-Modell bringt nach diesem Vorgang wieder Licht ins Dunkel. Durch präzise Fragestellungen macht es die vereinfachten, verzerrten und ausgewählten Informationen wieder sichtbar.

So stellen Sie die richtigen Fragen

Der Sinn hinter den Verallgemeinerungen, Verzerrungen und Tilgungen ist, Kommunikation überhaupt erst zu ermöglichen. Anderenfalls würden Gespräch endlos dauern und sich in den unzähligen Details, die es zu vermitteln gilt, verlieren. Allerdings verkürzen Menschen im Zuge dieser unbewussten Tätigkeiten auch den Inhalt ihrer Botschaften und es kann zu Missverständnissen kommen. Die präzisen Fragen, die beim Meta-Modell zum Einsatz kommen, helfen, die Irrtümer und Widersprüche zu beheben. Sie ermitteln weitere Details, erhellen Zusammenhänge und hinterfragen ausgelassene Daten.

Tilgungen – Machen Sie Informationen wieder sichtbar

Bei der Tilgung nimmt das Gehirn – wie bereits erwähnt – eine Auswahl der vorhandenen Informationen vor. Welche davon sind im vorliegenden Kontext relevant? Welche können weggelassen werden, ohne dass – aus individueller Sicht – der Sinn verloren geht? Das Ergebnis dieses Auswahlprozesses zeigt sich in der Sprache. Gesprächspartner erkennen eine Tilgung durch ihr Gegenüber daran, dass ihnen eine Information fehlt. Das fällt nicht immer auf, viele alltägliche Redewendungen sind unvollständig, ohne dass sich jemand daran stört, z. B. „Ich freue mich." Hier fehlt die Angabe, worüber oder worauf sich der Sprecher freut. Der Sinn der Fragen bei Tilgungen ist natürlich, die verschüttete Information wieder zum Vorschein zu bringen.

Einfache Tilgung

Im Satz sind wichtige Bestandteile weggelassen: „Ich ärgere mich." Der Sprecher unterschlägt hier gerade jene Information, die womöglich den Schlüssel bildet, um den Ärger wieder loszuwerden: Nämlich welche Ursache dieser hat. Fragen Sie also nach dem, was Ihr Gegenüber weggelassen hat. Dabei kommt die gesamte Bandbreite möglicher Fragen in Betracht: Wie, wodurch, wer, wann usw.

Beispiele für Fragen bei einfacher Tilgung

„Ich ärgere mich."	„Worüber ärgerst du dich?"
„Der Angestellte war überrascht."	„Was überraschte ihn?" „Wer überraschte ihn?" „Wann wurde er überrascht?"
„Das Kind freute sich."	„Worüber freute es sich?" „Wie sehr freute es sich?"

Vergleichende Tilgung

In der Aussage fehlt die Angabe, womit etwas verglichen wird: „Ich möchte weniger Arbeit haben." Dieser Satz lässt einen großen Interpretationsspielraum: weniger Arbeit als im letzten Jahr, im letzten Monat oder weniger Arbeit als der Kollege? Versuchen Sie den Vergleichsbezug wiederherzustellen. Fragen Sie, womit verglichen wird. Dabei kann es oft zu Überraschungen kommen, weil beide Kommunikationspartner zunächst unterschiedliche Bezüge zugrunde gelegt haben, z. B. „Das (heutige) Gespräch war besser als das gestrige." gegen „Das (Vier-Augen-)Gespräch war besser als das Telefonat."

Beispiele für Fragen bei einer vergleichenden Tilgung

„Das Gespräch war besser."	„Besser als was?" „Verglichen womit?"
„Die Ergebnisse waren schlechter."	„Nach welchem Maßstab?" „Schlechter als was?"
„Ich möchte weniger Arbeit"	„Was heißt weniger?" „Weniger verglichen womit?"

Unspezifische Verben

Das verwendete Verb wird nicht weiter erläutert: „Mein Chef lehnte den Vorschlag ab." Ebenso wie bei der einfachen Tilgung begründet der Sprecher den Fakt, den er mitteilt, nicht. Dabei liegt oft genau in der Begründung das Lösungspotenzial für Probleme. Durchleuchten Sie die Begleitumstände der genannten Verben genau, bzw. lassen Sie sie durch den Gesprächspartner beschreiben. Erfragen Sie alle Details.

Beispiel für Fragen bei unspezifischen Verben

„Mein Chef lehnte den Vorschlag ab."	„Wie genau macht er das?" „Warum hat er abgelehnt?"
„Das hat mich gefreut."	„Beschreibe, wie du dich freust." „Woran merke ich, dass du dich freust?"
„Das Gespräch nervte mich."	„In welcher Art nervte es dich?"

Nominalisierungen

Der Sprecher verwendet für Handlungen, Prozesse und Ereignisse, also für dynamische Vorgänge, Nomina, also Hauptwörter: „Mein Bruder möchte Anerkennung." Nomina bezeichnen immer etwas Statisches, Abgeschlossenes. Mögliche Veränderungen, Modifizierungen oder Entwicklungen werden so sprachlich erschwert. Nominalisierungen können Sie häufig – allerdings nicht immer – daran erkennen, dass sie auf -ung, -keit oder -heit enden. **Wenn Sie diese sehr beliebte Form der Tilgung auflösen wollen, m**achen Sie das Hauptwort wieder zu einem Verb und bauen dieses in eine Frage ein. So zeigt, sich, wer wofür verantwortlich ist und wie genau gehandelt werden soll. Damit erhält der Vorgang seine Beweglichkeit zurück.

Beispiele für Fragen bei Nominalisierungen

„Mein Bruder möchte Anerkennung."	„Was soll anerkannt werden?" „Wie möchte er anerkannt werden?" „Von wem möchte er anerkannt werden?"
„Die Veränderungen sind schwer."	„Was verändert sich?"
„Sie braucht Hilfe."	„Wie soll ihr jemand helfen?"

Fehlender Bezugsrahmen

Es bleibt unklar, auf was sich die Aussage genau bezieht: „Man sagt mir nichts." Hier fehlen gleich mehrere wesentliche Informationen: Es ist unklar, „wer" nichts sagt und worüber nichts gesagt wird. Fragen Sie auch hier nach den Details: Wer macht was? Warum ist das so?

Beispiele für Fragen nach dem Bezugsrahmen

„Man sagt mir nichts."	„Wer sagt nichts?"
„Das geht so nicht."	„Was geht so nicht?"
„Es wird nicht funktionieren."	„Was wird nicht funktionieren?"

Verzerrungen – das Bild wieder gerade rücken

Dass Menschen unbewusst Fakten verzerren und damit verfälschen ist ein ganz alltäglicher Prozess. Das liegt schon allein an den individuellen Repräsentationssystemen, die dafür sorgen, dass jeder ein anderes Bild der Wirklichkeit hat und ausdrückt. Nicht umsonst sagen wir bei Meinungsverschiedenheiten oft „Da hast du aber eine ganz schön verzerrte Wahrnehmung" – und drücken damit aus, dass sich unser Gesprächspartner ein völlig anderes individuelles Bild der Welt macht, als wir es tun. Im Kommunikationsprozess gilt es, die beiden Bilder in Einklang zu bringen. Verzerrungen zeigen sich oft darin, dass Personen ihre individuellen Vorannahmen nicht reflektieren. So entstehen vermeintliche Wahrheiten, die nicht weiter hinterfragt werden und dadurch die Auseinandersetzung erschweren.

> Denken Sie daran, dass die Wahrnehmung Ihres Gegenübers vielleicht von Ihrer eigenen abweicht, dass aber keine besser oder schlechter ist als die andere. Die Chance besteht in der Aufdeckung der Unterschiedlichkeit.

Gedanken lesen

Der Sprecher trifft Annahmen über die Gedanken und Gefühle anderer Personen. Das ist vermutlich einer der häufigsten Fehler, die in der Kommunikation gemacht werden. „Ich weiß genau, dass du mich nicht magst!" ist ein Argument, das jede Debatte im Keim erstickt. Beim Gedanken lesen ist es wichtig, die Vorannahmen des Sprechers infrage zu stellen und ihn zu bitten, seine Aussagen zu konkretisieren.

Beispiele für Fragen bei Nominalisierungen

„Du kannst mich nicht leiden."	„Woher glaubst du zu wissen, dass ich dich nicht leiden kann?" „Woher weißt du das?"
„Jeder hält mich für naiv."	„Wieso denkst du, dass dich jeder für naiv hält?" „Wie kommst du darauf, dass das so ist?"
„Meine Frau sollte doch wissen, dass ich leide."	„Wieso sollte deine Frau das wissen?

Verlorene Zitate

In der Diskussion tauchen so genannte „ewige Wahrheiten" auf, also Aussagen, bei denen nicht bekannt ist, wer sie in welchem Kontext gemacht hat. Häufig sind sie in der konkreten Situation ungültig und sogar schädlich. Mithilfe von Fragen kommt wieder zum Vorschein, wer wann und in welchem Zusammenhang die vorgeblichen Weisheiten von sich gegeben hat. Dann lässt sich klären, ob der Kontext überhaupt mit der jetzigen Situation vergleichbar ist.

Beispiel für Fragen bei verlorenen Zitaten

„Bescheidenheit ist eine Zier."	„Wer sagt das?" „Wann gilt das und wann nicht?"
„Kinder müssen folgen."	„Wann ist das richtig?" „Wann ist es wichtig, dass Kinder ihren eigenen Kopf durchsetzen dürfen?"
„Es ist nicht gut, wenn man faul ist."	„Wer hat das gesagt?" „In welchen Situationen ist Faulheit angebracht?"

Fehlerhafter Ursache-Wirkungszusammenhang

Eine individuell eingeschätzte Lage wird anderen zugeschrieben. „Herr Schneider macht mich wütend" macht Herrn Schneider zur Ursache und lässt nur wenige Lösungsmöglichkeiten zu. Wer aber klären kann, welche Verhaltensweisen an Herrn Schneider ihn so wütend machen, kann einen Weg finden, die Situation zu bereinigen. Es gilt also, die Kausalität wieder gerade zu rücken und den tatsächlich verantwortlichen Fakt ausfindig zu machen.

Beispiel für Fragen bei Ursache-Wirkungsfehlern

„Sie macht mich wütend."	„Wie genau macht sie es, dass du wütend wirst?" „Welches Verhalten macht dich so wütend."
„Der Stress bringt mich noch um."	„Was löst diesen Stress bei dir aus?" „Welcher Umstand führt bei dir zu so großem Stress."
„Deine Fragen verletzen mich."	„Was an meinen Fragen verletzt dich? Der Tonfall? Der Inhalt? Die Menge?"

Komplexe Äquivalenzen

Hierbei stellt der Sprecher zwischen zwei Aussagen einen künstlichen Zusammenhang her. Er setzt also zwei Aussagen, die zunächst nichts miteinander zu tun haben, gleich. „Schweigen heißt Ablehnung" ist eine solche Äquivalenz. Dadurch entstehen oft so genannte „Totschlag-Argumente". Solche Bedingungen lösen beim Kommunikationspartner einen Zwang aus. Komplexe Äquivalenzen hinterfragen Sie, indem Sie klären, ob der konstruierte Zusammenhang überhaupt besteht oder ob er nicht vielmehr „völlig aus der Luft gegriffen" ist. Gibt es nicht womöglich Gegenbeispiele für die Äquivalenz?

Beispiel für Fragen bei komplexen Äquivalenzen

„Schweigen heißt Ablehnung."	„Gibt es Fälle, in denen das nicht so ist?" „Wann heißt Schweigen Zustimmung?"
„Er versteht mich nicht, weil er mich nicht anschaut."	„Hat dich denn schon mal jemand verstanden, obwohl er dich nicht angeschaut hat? Z. B. während eines Telefonats?"
„Eine gute Vorbereitung ist die halbe Miete."	„Gilt das in jedem Fall?" „Gibt es Beispiele, in denen das nicht so ist?"

Generalisierungen – Verallgemeinerungen zurückweisen

Ebenso wie Tilgungen und Verzerrungen dienen Generalisierungen dem Menschen zu, sich in seiner Umwelt zurechtzufinden. Ohne die Fähigkeit, einmal gemachte Erfahrungen zu verallgemeinern, könnten Menschen nichts lernen. Wenn die

Erkenntnis „Äpfel sind essbar" nicht irgendwann generalisiert worden wäre, müsste jeder einzelne Mensch bei jedem einzelnen Apfel neu ausprobieren, ob es sich nicht doch um eine giftige Frucht handelt. Allerdings sind nicht alle Verallgemeinerungen so sinnvoll. Oft wird eine Aussage in unzulässiger Weise auf Bereiche ausgedehnt, bei denen sie nicht oder nicht unbedingt gültig ist. Bei den betreffenden Fragen geht es also in der Regel darum, den Gültigkeitsbereich der Formulierung einzugrenzen.

Universalbezeichnungen

Der Sprecher nimmt Verallgemeinerungen vor, ohne Ausnahmen zuzulassen. Sie sind sehr einfach zu erkennen durch Worte wie „nie", „immer", „alles", „jeder", „keiner" usw. Nehmen Sie diese Begriffe in Ihre Frage auf.

Beispiele für Fragen bei Universalbezeichnungen

„Er braucht nie Hilfe."	„Wirklich nie?" „Niemals?"
„Jeder wird das verstehen."	„Tatsächlich jeder?"
„Alle haben Mitleid."	„Ohne Ausnahme alle?"

Verallgemeinerter Bezugsrahmen

Unter dieser Bezeichnung finden sich die zahllosen negativen und positiven Vorurteile wieder, die uns im Alltag begegnen. Dazu gehören Formulierungen wie „Männer können besser einparken." Stellen Sie hier die vorgenommene Typisierung infrage.

Beispiele für Fragen bei verallgemeinertem Bezugsrahmen

„Männer können besser einparken."	„Wer genau kann das?" „Können das alle Männer?" „Welche Männer können das nicht?"
„Schotten sind geizig."	„Ist das tatsächlich so?" „Sind alle Schotten geizig?"
„Haustiere machen Arbeit."	„Alle Haustiere?" „Welche machen Arbeit?"

Modalverben der Notwendigkeit

Mit diesen Modalverben wird versucht, Zwang auszuüben oder zumindest mitzuteilen. Bei ihrer Verwendung entfällt häufig die Begründung für die Handlung, die sie fordern, z. B. bei „Ich muss das tun." Hier ist es wichtig, den ausgedrückten Zwang, zu hinterfragen. Wer löst ihn aus? Wodurch entsteht er? Oft stellt sich dann heraus, dass ein „Ich muss" in Wirklichkeit ein „Ich will" ist.

Beispiele für Fragen bei Modalverben der Notwendigkeit

„Ich muss das tun."	„Wirst du dazu gezwungen?" „Wer zwingt dich dazu?"
„Der Chef sollte mehr loben."	„Wer verlangt das?" „Was passiert, wenn er das nicht tut?"
„Das musste so kommen."	„Woher kommt der Zwang?" „Wieso musste das so kommen?"

Modalverben der Möglichkeit

Diese Hilfsverben drücken dagegen Einschränkungen aus, z. B. durch Sätze wie „Das Kind darf nicht aufbleiben." Allerdings fehlen auch hier meist die Argumente, warum die Einschränkung besteht. Bei Aussagen, die Modalverben der Möglichkeit enthalten, gilt es, die Einschränkungen und Erlaubnisse zu durchleuchten.

Beispiele für Fragen bei Modalverben der Möglichkeit

„Das Kind darf nicht aufbleiben."	„Was würde geschehen, wenn doch?"
„Ich kann nicht weiterarbeiten."	„Wer oder was hindert dich daran?" „Was hält dich davon ab?"
„Es ist nicht möglich, dass ..."	Wieso ist es nicht möglich?"

So entfalten die Meta-Modell-Fragen ihre volle Wirkung

Fragen im Allgemeinen und Meta-Modell-Fragen im Besonderen sind wichtige und hilfreiche Instrumente im Kommunikationsprozess. Viele der oben gezeigten Beispielfragen tragen die Lösung eines Problems bereits in sich, z. B. wenn Ursache und Wirkung im Dialog geklärt werden.

Allerdings ist es wichtig, nicht zu übertreiben, nicht dauernd und nicht zu viele Fragen zu stellen. Gespräche sind kein gerichtliches Kreuzverhör. Sie sollen im Fluss bleiben, die Partner miteinander sprechen. Dazu sind folgende Punkte wichtig:

- Rapport (s. Seite 34 ff.) steht in jedem Gespräch an oberster Stelle. Wer eine Frage nach der anderen abfeuert und nicht mehr mit seinem Gesprächspartner in Kontakt ist, dem wird das Gegenüber nicht mehr zuhören. Die Antworten bringen dann nicht den gewünschten Nutzen.

- Bereiten Sie das Thema behutsam vor. Gleichen Sie sich Ihrem Gesprächspartner an, passen Sie das Tempo, die Stimme, die Körperhaltung an, mit anderen Worten, pacen Sie (s. Seite 38). Wenn Ihr Gesprächspartner bereit ist, können Sie auch das Leading (s. Seite 40) übernehmen und ihn durch geschickte Fragen an eine Lösung eines Problems oder einer Kommunikationsbarriere heranführen.
- Wählen Sie aus dem Meta-Modell-Fragenkatalog aus. Überlegen Sie, welche Informationen Sie tatsächlich benötigen und fragen Sie gezielt nur danach.
- Achten Sie darauf, dass in der Unterhaltung ein gutes Verhältnis zwischen Fragen und Aussagen besteht. Stellen Sie nicht Frage um Frage, sondern streuen Sie die Fragen ins Gespräch ein.
- Üben Sie diese Technik zuerst im privaten Rahmen und in kleinen Schritten. Beobachten Sie genau, ob die Art und Weise der Frage dem Gespräch und der förderlichen Kommunikation dient oder ihnen schadet.

> Das Meta-Modell vermeidet das „Warum". Viele Menschen fühlen sich durch diese Fragen angegriffen und fühlen sich zu Rechtfertigungen und Erklärungen genötigt. Für gute Kommunikation ist das wenig sinnvoll.

NLP-Technik 4: So gelingen Veränderungen

Das NLP bietet wirkungsvolle Techniken, um einen Wandel anzustoßen.

Im folgenden Kapitel lesen Sie,

- wie Sie mithilfe der Submodalitäten Ihre Wahrnehmung verändern (S. 109) und
- wie Sie über das Modelling (S. 114), die Walt-Disney-Strategie (S. 117) und das Reframing (S. 121) neue Sicht- und Verhaltensweisen kennen lernen können.

Was soll anders werden?

Vor weitergehenden Veränderungen steht die Frage, an welchen Stellen denn überhaupt Modifikationen sinnvoll sind. Der NLP-Trainer Robert Dilts entwickelte dafür das Modell der logischen Ebenen. Es geht davon aus, dass Menschen alle Prozesse des Lernens, der Problemlösung, der Verarbeitung von Sinnesreizen, der Veränderungen und der Kommunikation auf sechs unterschiedlichen Ebenen erleben.

Das Pyramidenmodell

Das NLP-Modell der logischen Ebenen wird als Pyramide dargestellt.

Das Modell geht davon aus, dass die höhere Ebene jeweils die darunter liegende beeinflusst. Doch die Stufenform und der Austausch der Ebenen ist keine Einbahnstraße. Die sechs Ebenen stehen permanent in Wechselwirkung zueinander.

Mit dem Modell der logischen Ebenen arbeiten

Mit den entsprechenden Fragen zu den einzelnen Ebenen ist es möglich, Informationen zu sammeln. Es gilt, herauszufinden, an welcher Stelle eine Veränderung sinnvoll ist.

- Zum einen unterstützen die Fragen zu den unterschiedlichen Personen die Assoziation in die erste oder zweite Position (s. Seite 50 ff.). Je mehr eine Person über sich selbst bzw. über ihr Gegenüber weiß, desto einfacher ist es, in sie einzutauchen. Dadurch können Probleme leichter identifiziert werden, reines Spekulieren unterbleibt.
- Zum anderen ist es möglich, Probleme und Veränderungsansätze einer Ebene zuzuordnen. Ihre Bearbeitung liegt allerdings auf der nächsthöheren Ebene.

Beispiel für Veränderungsarbeit nach dem Pyramiden-Modell

Karl Meier ist Telefonverkäufer. Bei der Annahme von Kundenbestellungen treten immer wieder Fehler auf. Das Problem entsteht auf der zweiten Ebene: Sein Verhalten ist nicht angemessen. Die Lösung erfolgt auf der dritten Ebene: Sein Arbeitgeber sorgt dafür, dass er seine Kompetenzen am Telefon trainiert, neue Fähigkeiten erlernt und einübt. Wenn das Problem allerdings darin besteht, dass Herr Meier keine Lust hat, mit Kunden zu telefonieren, bringt ein solches Training nichts. Die Lösung liegt dann auf der Werteebene und der beruflichen Identität „Ich bin ein kompetenter Verkäufer".

- Die einzelnen Ebenen eignen sich auch gut, um Themen und Ziele zu bearbeiten. Wenn Sie z. B. eine Präsentation vorbereiten, können Sie gezielt danach fragen, welche Auswirkungen das Thema auf die einzelnen Ebenen hat und so einen ganzheitlichen Ansatz verfolgen.

Wie fragen Sie nach den Ebenen?

Erste Ebene: Fragen zur Umwelt

Jede Aktion, jede Reaktion und jedes Ereignis findet in einem speziellen Kontext statt. „Umwelt" beschreibt die äußeren Umstände und Bedingungen, in denen sich Personen befinden, alles, was sie mit ihren Sinnen wahrnehmen, z. B. Orte, Objekte, Wetter, andere Personen, Zeitpunkt usw. Die entsprechenden Fragen lauten:

- „Wo, in welcher Situation befindet sich eine Person?"
- „Wann, zu welchem Zeitpunkt?"
- „Wer, welche Personen sind beteiligt?"
- „Welche Umstände, Bedingungen liegen vor?"

Zweite Ebene: Wie verhält sich die Person?

Die zweite Ebene zeigt alle Verhaltensweisen, die bei einem Menschen sichtbar werden, also wie er agiert oder reagiert. Beispiele sind Gesten, Mimik, Bewegungen, Wortwahl, Stimme, Atmung, Körperhaltung usw.

- „Was tut eine Person?"
- „Was kann ich mit meinen Sinnen beobachten?"

Dritte Ebene: Welche Fähigkeiten hat jemand?

Hier geht es um kognitive und emotionale Prozesse, die in einem Menschen ablaufen. Diese sind nicht direkt sichtbar, sondern nur indirekt erfahrbar, indem das Verhalten beobachtet wird. Es handelt sich also um Interpretationen. Fähigkeiten beschreiben, wie ein Mensch etwas ausführt, welche Fertigkeiten, Strategien und Programme er einsetzt, um ein erforderliches Verhalten zu „produzieren". Sie sind bewusst erlernte und eingesetzte Stärken, aber auch unbewusste Ressourcen, die ihm zur Verfügung stehen.

- „Welche Fähigkeiten setzt eine handelnde Person ein?"
- „Welche Stärken hat eine Person, was kann sie?"
- „Wie macht sie das? Wie führt sie Handlungen aus?"

Vierte Ebene: Welche Werte zählen für die Person?

Die Werteebene fragt nach den Einstellungen, Überzeugungen, Motiven und bewerteten Erfahrungen, die den sichtbaren Handlungen zugrunde liegen. Jede Verhaltensweise hat einen Grund und diese Ebene liefert die Idee, warum jemand etwas tut. Es geht um die individuellen Werte und Überzeugungen. Letztere beschreiben Wahres im Sinne von „Was ist für mich persönlich wahr?" – über mich als Person, über andere und meine Umwelt. Sie beeinflussen und strukturieren die darunter liegenden Ebenen sehr stark. Jeder Mensch hat eine ganz eigene Wertehierarchie. Verlangen zwei Werte unterschiedliche Verhaltensweisen, richtet sich das Verhalten nach dem ranghöheren Wert aus.

> Werte können nicht nach gut oder schlecht beurteilt werden, sondern nur auf Nützlichkeit in Bezug auf ein Ziel, der Wert „Perfektionismus" z. B. kann Menschen auch schaden. Viele setzen jedoch ihre eigenen Werte als absolute Größe. Was jedoch für den einen zutrifft, muss für den andere nicht unbedingt Bedeutung haben.

- „Was ist wichtig? Wofür setzt sich jemand ein?"
- „Warum und wofür wird etwas gemacht?"
- „Was motiviert eine Person und treibt sie an?"

Fünfte Ebene: Wie sieht sich die Person?

Die Identitätsebene befasst sich mit dem Selbstbild und den Vorstellungen, die jeder von sich selbst hat. Es geht auf einer höheren Ebene um die Summe aller gemachten Erfahrungen und Werte, um die personale und soziale Identität und die Rolle, die ein Mensch im sozialen Gefüge einnimmt.

- „Was denke ich über mich?"
- „Wer bin ich?"
- „Welches sind die zentralen Rollen?"

Sechste Ebene: Wohin gehört der Mensch?

Die oberste Ebene ist eine überindividuelle Stufe. Sie überschreitet das rein Personale und fragt nach dem höheren Zusammenhang, nach der Spiritualität. Hier geht es um den Sinn des Lebens, die Quelle des menschlichen Tuns, die Mission. Themen sind z. B. Religion, Natur, Universum, Menschheit.

- „Was ist der Sinn des Lebens?"
- „Welchem großen Ganzen fühlt sich jemand zugehörig?"

Die Wahrnehmung durch Submodalitäten steuern

Jede Wahrnehmung, die der Mensch durch seine fünf Sinne aufnimmt und verarbeitet, hat ganz genaue, konkrete Merkmale. Das menschliche Gehirn arbeitet sehr exakt: Es erinnert sich bei jeder Erfahrung, bei jedem Sinnesreiz an die dazugehörenden, spezifischen Eigenschaften. Ein einmal gespeichertes Bild hat eine bestimmte Farbe, Helligkeit und Konturen. Ein Geräusch besteht aus einer ganz speziellen Klangfarbe, Tonhöhe und Lautstärke. Gefühle, Gerüche oder Geschmackswahrnehmungen – sie alle verfügen über eine wiederholbare, nachvollziehbare Ausprägung und Intensität.

Über Submodalitäten differenzieren wir die Welt

Diese verfeinerten Untereigenschaften der visuellen, auditiven, kinästhetischen, olfaktorischen und gustatorischen Merkmale heißen im NLP Submodalitäten.

Die Funktionen der Submodalitäten

Submodalitäten strukturieren die Eigenschaften von Wahrnehmungen und Erinnerungen, d. h. es geht nicht nur um Helligkeit als Oberbegriff, sondern um den ganz konkreten, spezifischen Grad an Helligkeit. Dadurch ist es möglich, Eigenschaften in den Sinnesreizen zu differenzieren und zu vergleichen. Submodalitäten lassen uns einen Unterschied zwischen den Dingen wahrnehmen und verschiedene Qualitäten erfassen.

Beispiel für Submodalitäten

Andreas Schröder erinnert sich gut daran, wie der Kaiserschmarrn seiner Mutter schmeckte: Er war auf eine ganz bestimmte Art nicht zu süß, an einigen Stellen wunderbar kross, hatte eine ganz spezielle appetitliche Farbe und verströmte einen Duft, wie ihn Herr Schröder nirgendwo sonst fand. Wann immer er in einem Restaurant einen Kaiserschmarrn bestellt, kann er anhand dieser gespeicherten Submodalitäten immer die Unterschiede zu dem seiner Mutter feststellen.

Die Submodalität ist nicht der Inhalt

Der Mensch ist in der Lage, die Merkmale von inneren, gedanklichen Bildern bewusst zu verändern. Wir können uns z. B. vorstellen, ein Gegenstand sei sehr klein, auch wenn das in der Realität nicht zutrifft. Submodalitäten selbst sind inhaltsfrei, d. h. eine Veränderung an ihnen beeinflusst nicht den Inhalt des Bildes: Ein Haus, das wir uns sehr klein ausmalen, bleibt ein Haus. Die Modifikation kann dem Bild aber eine neue Bedeutung zuweisen. Erinnern wir ein Objekt mit den Untereigenschaften „groß" und „hell", dann wirkt es eventuell bedeutend und wichtig. Das gleiche Objekt kann uns aber auch als unwichtig erscheinen, wenn wir es uns sehr klein und kaum beleuchtet vorstellen. Die Art und Weise, wie eine Person die Submodalitäten beurteilt, ist individuell sehr verschieden. Gleiche Größe und gleiche Helligkeit werden unterschiedlich bewertet.

Mit Submodalitäten arbeiten

Die Arbeit mit Submodalitäten kann also die Bedeutung von gespeicherten Bildern verändern. NLP-Anwender nutzen dies, um Probleme zu lösen und positive Anker zu setzen. Das Bild eines problematischen Gegenstands wird so lange variiert, bis eine Erleichterung eintritt. Eine positive Wahrnehmung so verstärkt, dass sie als Ressource nutzbar ist.

Analoge und digitale Untereigenschaften nutzen

Es gibt zwei Arten der Submodalitäten und der damit zusammenhängenden Veränderungen: analoge und digitale.

- Analoge Submodalitäten: Die Untereigenschaft liegt in Abstufungen wie in einem Kontinuum vor. So gibt es z. B. unterschiedliche Grade von Helligkeit, Lautstärke, Druck und Größe. Damit kann auch die entsprechende Veränderung Schritt für Schritt erfolgen, ähnlich einem Regler oder Dimmer. Helligkeit und Lautstärke können allmählich erhöht oder gesenkt, der Druck unterschiedlich stark empfunden werden, ein Bild kann schrittweise wachsen oder schrumpfen.
- Digitale Submodalitäten: Diese Untereigenschaften funktionieren nach dem „An-Aus"- Prinzip. Entweder sie sind vorhanden oder sie sind es nicht, dazwischen gibt es keinen Zustand. Die Veränderung kann daher ebenfalls nur innerhalb dieser Alternativen erfolgen, ähnlich wie mit einem Kippschalter. Beispiele dafür sind Mono – Stereo, assoziiert – dissoziiert (s. Seite 49 f.).

Submodalitäten erkennen

Untereigenschaften zu einer Wahrnehmung liegen in allen Wahrnehmungssystemen vor.

Wahrnehmung	Submodalität
visuell	▪ Beleuchtung (hell, dunkel) ▪ Farbe (farbig, schwarz-weiß) ▪ Kontur (scharf, verschwommen) ▪ Oberfläche (matt, glänzend ▪ Form (rund, eckig) ▪ Größe (groß, klein) ▪ Entfernung (nah, fern) ▪ Position (links, rechts, oben, unten) ▪ Dimension (zweidimensional wie auf einer Leinwand, dreidimensional)
auditiv	▪ Lautstärke (laut, leise) ▪ Tempo (langsam, schnell) ▪ Tonlage (tief, hoch) ▪ Tonalität (schrill, nasal, voll, dünn) ▪ Ort der Geräuschquelle (vorn, hinten, oben, unten)
kinästhetisch	▪ Intensität (schwach, stark) ▪ Temperatur (kalt, warm) ▪ Position (wo im Körper?) ▪ Qualität (angenehm, unangenehm)

Veränderungen durchführen

Das Verändern, das Spielen mit Eigenschaften in der Sinneswahrnehmung eignet sich besonders gut zur Selbstanwendung. Jeder Mensch nimmt Unterschiede wahr und kann diese leicht und für die Außenwelt unauffällig verändern.

- Meist ist es eine Eigenschaft, die so genannte kritische Eigenschaft, die bei Veränderung gezielt Linderung schafft: z. B. das Bedrohliche ganz klein in die hintere E-cke eines Bildes verbannen, die Farbe herausnehmen, die Temperatur einer erlebten Situation erhöhen und Wärme hinzufügen.

Beispiel für die Veränderungsarbeit durch Submodalitäten

Marita Krug hat große Angst vor Schäferhunden. Sie hat Probleme, wenn sie direkt vor einem steht, bekommt aber schon ein mulmiges Gefühl, wenn sie nur einen Text über Schäferhunde liest oder ein Foto von einem sieht. Um ihre Angst zu lindern, arbeitete sie mit Submodalitäten und modifizierte ihr inneres Bild eines Schäferhunds: Sie veränderte es so, dass das Tier nur noch ganz klein in der Ecke des vorgestellten Bildes zu sehen war. Anschließend variiert sie noch die Farbe – das verkleinerte Abbild sieht sie nun in Schwarz-weiß. Der Inhalt – ein Schäferhund – bleibt gleich, aber die Bedeutung für Frau Krug verändert sich, der mit dem Bild verbundene Schrecken nimmt deutlich ab.

- Submodalitäten sind wertvolle Hilfsmittel bei der Zielplanung. Ein begeisterndes Ziel in der Zukunft sollten Sie mit allen Sinnen ausmalen, ganz plastisch und nahezu greifbar machen. Damit installieren Sie sozusagen einen visuellen, auditiven und kinästhetischen Anker für Ihre Zukunft.

Beispiel

Ihr Ziel ist ein Haus am See. Das Gebäude steht in der Vorstellung in der Mitte Ihres Zielbildes. Seine Größe und Form, seine Farbe, die duftenden, farbig leuchtenden Blumen, der Park in sattem Grün, der See, die Geräusche in der Sommerluft, das Gefühl, das entsteht, wenn die Füße die durch die Sonne erwärmten, rauen Steinfliesen berühren – alles ist in Ihnen ganz plastisch vorhanden. Nun drehen Sie an den Knöpfen, lassen das Bild größer, heller, farbiger, die Geräusche deutlicher wahrnehmbar werden, das wohlig, warme Gefühl immer weiter anwachsen. Es entsteht ein konkretes, mit allen Sinnen wahrnehmbares Ziel, das Sie immer wieder schnell abrufen können.

Drei NLP-Methoden für erfolgreiche Veränderungen

Sind Ansatzpunkte für Veränderungen vorhanden, bietet das NLP mit dem Modelling, der Walt-Disney-Strategie und dem Reframing wirkungsvolle Techniken, einen Wandel im Verhalten anzustoßen.

Wovon geht Modelling aus?

Modelling ist die erste Form des Lernens. Das Kind beobachtet, wie der Vater oder die Mutter etwas macht, kopiert und wiederholt dieses Verhalten. Das bewusste Modellieren im NLP ist das Lernen von Experten und Personen, die außerordentlich erfolgreich sind. Es analysiert die bewussten und unbewussten Strukturen und Strategien, die hinter einem erfolgreichem Verhalten, der so genannten Exzellenz, stehen – es geht also um das „Wie" des Erfolgs.

Vorgehen beim Modelling

- Modelling beschäftigt sich damit, worin sich Nicht-Erfolg und Exzellenz unterscheiden. Dahinter steht die Überzeugung, dass jedes Verhalten erlernbar ist, wenn die zugrunde liegenden Prozesse bekannt sind. Im Modellierungsprozess werden Verhaltensweisen in der gleichen Art und Weise durchgeführt, wie es das Modell tut.
- Modelling erstellt geistige Landkarten, in denen verzeichnet ist, wie das Modell handelt, denkt, was ihm wichtig ist. Es benennt wiederholbare, nachvollziehbare Muster. Ziel ist, zu verstehen, wie ein anderer in einem bestimmten Fall vorgeht und dieses Vorgehen zu wiederholen.
- NLP geht davon aus, dass alles, was der Mensch kann, erlernbar ist (s. Seite 19). Natürlich können nicht alle Menschen wie Leonardo da Vinci sein. Aber es ist möglich sich so zu verhalten, wie es erfolgreiche Menschen tun, gleiche Strategien und Denkweisen abzubilden.

Strukturen des Modells erkennen und nutzen

Der Modellierungsprozess erkundet die Strukturen und Strategien, die ein Modell erfolgreich macht.

- Das exzellente Verhalten und Handeln wird genau beobachtet.
- Derjenige, der modellieren will, steigt in die zweite Wahrnehmungsposition ein und handelt so, als wäre er die Person, die er modellieren will.
- Dabei befragt er das Modell auf allen logischen Ebenen.

Beispiel für einen Modellingprozess

Walter Schmidt ist von einer bekannten Trainerin begeistert und möchte sie zu seinem Modell machen. Vor allem ein Punkt interessiert ihn: ihr exzellenter Umgang mit Störungen in Workshops und Seminaren, konkret ihr Vorgehen, wenn ein Seminarteilnehmer immer wieder Einwände und Fragen bringt.

Umwelt: Wann, wo, in welcher speziellen Situation zeigt das Modell das Verhalten?	Als Trainerin im Seminar, bei der Bearbeitung von Inhalten, wenn Fragen kommen.
Verhalten: Was genau tut das Modell? Welche Sprache, Verhaltensweisen, Gesten, Mimik usw. setzt sie ein?	Sie stellt Blickkontakt zu den Teilnehmern her, hat eine zugewandte Körperhaltung, stellt offene Frage, nickt usw.
Fähigkeiten: Wie macht das Modell es? Welche Strategien und Fähigkeiten nutzt sie?	Sie hört genau zu, kalibriert, baut Rapport zum Teilnehmer auf, visualisiert Fragen am Flipchart.
Werte: Aus welchem Grund tut sie es so? Was ist wichtig?	Sie glaubt an die positive Absicht des Teilnehmers, hinterfragt Ursache und Bedeutung (nicht „Stören Wollen" ist die Ursache).
Identität: Wie sieht sich das Modell? Welche Rolle nimmt sie ein?	Sie versteht sich als Unterstützerin bei Lernprozessen, als Modell für wertschätzende Kommunikation.

Durch die Beobachtungen ändert Walter Schmidt seine Einstellung zu den Einwürfen der Teilnehmer. Aus Einwänden werden wertvolle Beiträge. Er beschließt die beobachteten Verhaltensweisen der Trainerin in seine Seminaren zu übernehmen und vor allem auf offene Fragen und einen stärkeren Blickkontakt zu Seminarteilnehmern zu achten.

Kreativ sein wie Walt Disney

Die Walt-Disney-Strategie ist selbst durch das Modelling entstanden. Robert Dilts nahm den Filmproduzenten zum Modell, um dessen Kreativität und Fantasie für Veränderungsprozesse zu nutzen.

Die Walt-Disney-Strategie ordnet ihren drei Phasen jeweils eine spezielle Rolle zu: die des Träumers, des Machers und des Kritikers. Damit erhält der Anwender unterschiedliche Zugangsweisen zu einem Thema, jede Rolle fügt dem Komplex andere Aspekte hinzu, liefert den Input, den sie am besten beherrscht. Die Rollen sind durch einzelne Schritte voneinander getrennt und beeinflussen sich nicht.

Erste Phase: Die Zeit des Träumers

Die Walt-Disney-Strategie beginnt stets mit der Träumerposition. Träumen – d. h. in die verheißungsvolle Zukunft zu blicken. Diese Rolle schafft den Zugang zur Vision, malt sie sich in ganz konkreten Bildern aus, holt alles Schöne und Erstrebenswerte vor das innere Auge. Alles ist erlaubt, was sich der Träumer vorstellen kann, es gibt keine Einschränkungen und Grenzen. Ob sich der Traum umsetzen lässt oder es vielleicht auch berechtigte Einwände gibt, interessiert ihn nicht. Er ist nur für seine Ideen, Inspirationen zugänglich, schwelgt in seinem Traum und sieht die Vision. Damit konstruiert er seine zukünftige Wirklichkeit und liefert Material für den Macher. Im Prozess des Träumens ist er voll assoziiert, die geträumte Zukunft erlebt er dissoziiert. So steigen Sie in die Träumerrolle ein:

- Suchen Sie sich für die Träumerposition einen speziellen Platz, z. B. eine gemütliche Ecke in Ihrer Wohnung.
- Spinnen Sie Ihre Vision aus und verwenden Sie Sprache aus dem visuellen Repräsentationssystem (s. Seite 25)
- Schauen Sie dabei nach oben (s. Seite 27)
- Verwenden Sie visuelle Submodalitäten, um sich Ihren Traum auszumalen, lassen Sie ihn z. B. heller, farbiger, größer werden.
- Abschließend unterbrechen Sie den Traumzustand. Verlassen Sie den speziellen Platz und denken Sie an etwas Neutrales.

Zweite Phase: Aktivieren Sie den Macher

Die zweite Position beschäftigt sich ausschließlich mit der Umsetzung der Visionen. Es geht um die bewusste Auseinandersetzung, um die Organisation der visionären Ideen des Träumers in der Realität. Der Macher probiert gedanklich aus, verwendet konkrete Handlungsweisen, prüft Voraussetzungen, tut so, als ob er die Ideen umsetzt, sammelt Informationen und stellt Werkzeuge zur Verfügung. Er führt innerlich das aus, was der Träumer in der Zukunft gesehen hat und spricht dabei in der Gegenwart, z. B. „Ich plane meine Bewerbung schrittweise, ich schreibe meinen Lebenslauf...". So entwickeln sich Pläne, Schritt-für-Schritt-Anleitungen und Strategien, wie es gehen könnte. Begeben Sie sich in die Macherrolle:

- Schaffen Sie einen anderen, speziellen Platz für die Macherposition.
- Verwenden Sie bei Ihren Überlegungen die Sprache aus dem kinästhetische Repräsentationssystem (s. Seite 25)
- Schauen Sie beim Nachdenken nach unten (s. Seite 28).
- Arbeiten Sie mit kinästhetischen Submodalitäten, wenn Sie Ihre Pläne zimmern, z. B. „fest mit zwei Beinen stehen", „zupacken", „mit Nachdruck" u. Ä.

Unterbrechen Sie auch hier nach einer Weile die gedankliche Umsetzungsphase und kehren Sie zu Ihrem Ausgangszustand zurück.

Dritte Phase: Kritik üben an den Ergebnissen

Die dritte Position nimmt die Metaposition ein und ist stark vom Vorhaben und Emotionen entfernt. Der Kritiker lässt den zweifelnden Stimmen und den vorgebrachten Einwänden Raum, stellt Fragen und diskutiert im inneren Dialog, was für und was gegen die Umsetzung der Vision spricht. Der Kritiker kritisiert nicht den Träumer oder den Macher persönlich, sondern prüft und bewertet den Plan und die Umsetzungsprozesse. Dabei berücksichtigt er die Erfahrungen aus der Vergangenheit oder zieht Parallelen zu anderen Bereichen. So wecken Sie den Kritiker in sich:

- Schaffen Sie einen dritten, speziellen Platz für die Kritikerposition.
- Verwenden Sie die Sprache aus dem auditiven Repräsentationssystem, also Geräusche, Stimme, Aussagen, Mei-

nungen, um dem Kritiker in einem inneren Dialog Gehör zu verschaffen (s. Seite 25).

- Richten Sie Ihren Blick nach geradeaus, waagerecht (s. Seite 28).
- Verwenden Sie in dieser Position auditive Submodalitäten, lassen Sie Aussagen z. B. lauter und deutlicher werden.

Fünf Punkte für die erfolgreiche Umsetzung der Walt-Disney-Strategie

1 Halten Sie stets die Reihenfolge Träumer – Macher – Kritiker ein.

2 Wiederholen Sie die Durchgänge bei einem Vorhaben und Thema so lange, bis der Kritiker ohne Einwände zustimmen kann. Er bildet immer das Ende der Durchgänge.

3 Nutzen Sie ganz bewusst die unterschiedlichen Sinneskanäle in den entsprechenden Rollen. Trennen Sie die visionäre Blickrichtung und den kritischen inneren Dialog ohne Gefühle sauber voneinander.

4 Unterstützen Sie die Kreativitätsstrategie durch eine räumliche Trennung der Rollen, z. B. durch verschiedene Plätze im Raum (etwa ein Sofa zum Träumen, einen Schreibtisch für den Macher und den Besprechungstisch für die Kritik) oder drei verschiedene Räume in der Wohnung. Je klarer die Rollen und Räume getrennt sind, desto besser kommen die Stärken der Rollen zum Tragen.

5 Macher und Kritiker stehen in Kontakt zueinander, aber Kritiker und Träumer müssen keine Beziehung zueinander haben, sonst wird der Träumer zu stark kritisiert.

Reframing – Situationen umdeuten

Menschen geben allem, was sie wahrnehmen, eine Bedeutung, d. h. sie stellen es in einen ganz bestimmten Rahmen. Wird dieser Rahmen gewechselt, so bekommt dasselbe Ereignis eine neue Bedeutung – im NLP spricht man dann vom Reframing (aus dem Englischen „frame" = Rahmen). Beispiele gibt es genug. Z. B. bewerten Konsumenten gleiche Produkte verschieden, wenn diese in unterschiedlicher Aufmachung vorliegen. Die Modifikation des Rahmens, also etwa der Verpackung oder des Produktnamens führt dazu, dass der Verbraucher der Ware andere Eigenschaften zuschreibt.

Solche Umdeutungen des Inhalts funktionieren auch bei der Veränderungsarbeit. Da sich beim Reframing nicht das Verhalten verändert, sondern nur die Interpretation, ist dies oft ein effizienter Weg zur Lösung. Damit betrachtet der Anwender seine Situation aus einer anderen Warte und findet neue Ansatzpunkte, um sich womöglich aus einer lähmenden, negativen Lage zu befreien. Es eröffnet einen neuen positiven Blickwinkel auf eine negativ bewertete Situation, löst Verallgemeinerungen auf und bezieht Aussagen auf eine genau bestimmte Situation. Die gute Absicht und das Positive eines Verhaltens in einer speziellen Lage treten zutage.

Reframing erhöht die Flexibilität, weil es Bedeutungen und Zuschreibungen hinterfragt und, neue Wahrnehmungen und Bedeutungen zulässt. Damit erweitert es die geistigen Landkarten der Anwender. Es gibt zwei Arten des Umdeutens: das Kontextreframing und das Bedeutungsreframing.

So funktioniert das Kontextreframing

Das Kontextreframing stellt ein schwieriges Verhalten oder eine negative Eigenschaft in einen neuen Rahmen. Es geht darum, eine Situation zu finden, in der das schwierige Verhalten oder die negative Eigenschaft nützlich ist.

Beispiele für das Kontextreframing

Aussage	Reframing
„Ich bin immer überpünktlich"	Bei einer Fahrt mit Bahn oder Bus oder bei einem wichtigen Termin ist das sehr nützlich.
„Ich bin zu langsam"	Die große Sorgfalt bedeutet weniger Fehler.
„Ich bin zu stur"	Bei der Ablehnung eines unerwünschten Angebots ist Sturheit nützlich.

So funktioniert das Bedeutungsreframing

Beim Bedeutungsreframing bleiben Situation und Kontext gleich, stattdessen wird die Bedeutung einer Eigenschaft oder eines Verhaltens neu bewertet. Die entscheidende Frage ist: „Was kann an dieser Situation gut sein bzw. was könnte sie außerdem noch bedeuten?"

Beispiele für das Bedeutungsreframing

Aussage	Reframing
Mich nervt, wenn der Hund bellt.	Dann weißt du, dass er aufpasst.
Wenn ich kritisiert werde, bin ich ganz ruhig.	Dann kannst du auch nichts Falsches sagen.
Immer wenn mein Vater im Keller hämmert, fühle ich mich gestört.	Dann kann er dich nicht ermahnen, weil Du Dein Zimmer nicht aufgeräumt hast.

Einwände vorwegnehmen: So nutzen Sie die Preframetechnik

Reframing bedeutet, Aussagen oder Einwänden einen neuen Rahmen zu geben, nachdem sie gesagt oder geschrieben wurden. Preframing dagegen setzt den neuen Rahmen schon, bevor es dazu kommt. Es ist damit eine elegante Einwandbehandlungstechnik in einer Rede, im Verkaufsgespräch oder in einem Brief. Bereits bevor das Thema zu einem Problem wird, erhält es einen Rahmen, der es in einem positiven Licht erscheinen lässt.

Beispiel für die Preframetechnik

In einem Verkaufsgespräch: „Sie werden sich vielleicht fragen, woher unsere langen Lieferzeiten kommen. In unserer Firma legen wir sehr großen Wert auf sorgfältige und qualitativ hochwertige Verarbeitung und dafür nehmen wir uns die nötige Zeit."

In einer Rede: „...vielleicht zweifeln einige von Ihnen gerade, ob die von mir dargestellten Maßnahmen zur Produkteinführung die Zielgruppe wirklich erreichen. Dazu kann ich Ihnen aus der Erfahrung der letzten zehn Jahre mitteilen ..."

Stichwortverzeichnis

Aktionsplan 72 f.
Als-ob-Technik 57 f.
Ankertechnik 75 ff.
Assoziiert 49 ff.
Assoziierungstechnik 56 f.
Auditiver Typ 25
Augenzugangshinweise 27 ff.
Beobachter 53 f., 58
Bedeutungsreframing 122
Bezugsrahmen 94 f., 99
Dissoziationstechnik 58
Dissoziiert 49 ff.
Du-Position 52 f., 57
Einsatzmöglichkeiten 29 ff.
Entstehung 10 f.
Feedback 20, 67 f.
Filterprozesse 9, 23
Future Pace 72
Generalisierung 98
Grundannahmen 12 ff.
Gustatorischer Typ 26
Handlungsplan 72 f.
Ich-Position 50 f., 56
Information 7f.
Kalibrieren 42 ff.
Kinästhetischer Typ 25
Kommunikation 34 ff.
Kontakt 33 ff.
Kontextreframing 122 f.
Körpersprache 36 f.
Kritiker 119 f.
Landkarte 15 f.
Leading 40 ff.
Lernen 19, 30
Linguistisch 8 f.
Logische Ebene 106 ff.
Macher 118 f.
Manipulation 12
Menschenkenntnis 31 f.
Meta-Modell 87 ff.
Meta-Modell-Fragen 101 ff.
Modalverben 100 f.
Modelling 114 ff.
Neuro 7 f.
Nominalisierung 93 f.
Nonverbale Kommunikation 35 f.
Öko-Check 67 f.
Olfaktorischer Typ 26
Pacing 38 ff.
Perspektive 49
Preframetechnik 123
Programmieren 9 f.
Pyramidenmodell 104 ff.
Rapport 34 ff., 46 f.
Reframing 121 ff.
Repräsentationssystem 22 ff.
Ressourcen 19, 59 ff., 75 ff.
Sprache 8 f., 24 f., 29, 37, 83 ff.
Submodalität 109 ff.
Tilgung 91 ff.
Unspezifische Verben 93
Ursache-Wirkungs-zusammenhang 97
V.A.G.O.K 23
Veränderung 103 ff.
Verlorenes Zitat 96 f.
Verzerrung 95 ff.
Visueller Typ 25
Wahrnehmung 8, 22 ff., 44, 109 f.
Wahrnehmungspositionen 49 ff.
Walt-Disney-Strategie 117 ff.
Ziele 59 ff.

Bibliografische Information der Deutschen Bibliothek
Die Deutsche Bibliothek verzeichnet diese Publikation in der Deutschen Nationalbibliografie; detaillierte bibliografische Daten sind im Internet über http://dnb.ddb.de abrufbar.

ISBN 978-3-448-07908-1
Bestell-Nr. 00926-0001

Postanschrift: Postfach, 82142 Planegg
Hausanschrift: Fraunhoferstraße 5, 82152 Planegg
Fon: (0 89) 8 95 17-0, Fax: (0 89) 8 95 17-2 50
E-Mail: online@haufe.de
Internet: www.haufe.de
Redaktion: Jürgen Fischer
Redaktionsassistenz: Christine Rüber

Gesamtbetreuung: Sylvia Rein, 81379 München
Lektorat: Cordula Natusch, 81541 München
DTP: Agentur: Satz & Zeichen, Karin Lochmann, 83129 Höslwang
Umschlaggestaltung: Simone Kienle, 70182 Stuttgart
Umschlagentwurf: Agentur Buttgereit & Heidenreich, 45721 Haltern am See
Druck: freiburger graphische betriebe, 79108 Freiburg

Zur Herstellung der Bücher wird nur alterungsbeständiges Papier verwendet.

Die Autorin

Barbara Seidl

ist Wirtschaftspädagogin und lebt in München. Sie arbeitet seit vielen Jahren als freiberufliche Personalentwicklerin und Coach. Sie berät und unterstützt Führungskräfte und die Inhaber von kleinen und mittleren Unternehmen in Fragen rund um die Themen Mitarbeiterqualifizierung, Personalführung und Kommunikation. Sie ist nach den Richtlinien des DVNLP zertifizierter und ausgebildeter NLP-Master und NLP-Coach. Homepage: www.barbara-seidl.de

Weitere Literatur

„Manipulationstechniken Erkennen und abwehren, von Andreas Edmüller und Thomas Wilhelm. 128 Seiten, Haufe, € 19,80. ISBN 978-3-448-07747-6, Bestell-Nr. 00692-0005

„Sich durchsetzen", von Susanne Dölz und Carmen Kauffmann. 256 Seiten, Haufe, € 6,90. ISBN 978-3-448-09100-7, Bestell-Nr. 00989-0001

„Emotionale Intelligenz – Das Trainingsbuch", von Marc A. Pletzer. 200 Seiten, € 19,80, ISBN 978-3-448-08054-4, Bestell-Nr. 00087-0001

TaschenGuides – Qualität entscheidet

Bereits erschienen:

Der Betrieb in Zahlen

- 400 € Mini-Jobs
- Balanced Scorecard
- Betriebswirtschaftliche Formelsammlung
- Bilanzen lesen
- Buchführung
- Businessplan
- BWL Grundwissen
- BWL Kompakt – die 100 wichtigsten Fakten
- Controllinginstrumente
- Deckungsbeitragsrechnung
- Einnahmen-Überschussrechnung
- Finanz- und Liquiditätsplanung
- Die GmbH
- IFRS
- Kaufmännisches Rechnen
- Kennzahlen
- Kleines Lexikon Rechnungswesen
- Kontieren und buchen
- Kostenrechnung
- Kleine mathematische Formelsammlung
- VWL Grundwissen

Mitarbeiter führen

- Besprechungen
- Führungstechniken
- Die häufigsten Managementfehler
- Management
- Managementbegriffe
- Mitarbeitergespräche
- Moderation
- Motivation
- Projektmanagement
- Spiele für Workshops und Seminare
- Teams führen

Karriere

- Assessment Center
- Existenzgründung
- Ich-AG – mit Gründerzuschuss selbstständig
- Jobsuche und Bewerbung
- Vorstellungsgespräche

Geld und Specials

- Die neue Rechtschreibung
- Eher in Rente
- Energieausweis
- IGeL – Medizinische Zusatzleistungen
- Immobilien erwerben
- Immobilienfinanzierung
- Sichere Altersvorsorge
- Geldanlage von A-Z
- Web 2.0
- Zitate für Beruf und Karriere
- Zitate für besondere Anlässe

Persönliche Fähigkeiten

- Allgemeinwissen Schnelltest
- Ihre Ausstrahlung
- Business-Knigge – die 100 wichtigsten Benimmregeln
- Mit Druck richtig umgehen
- Emotionale Intelligenz
- Entscheidungen treffen
- Fitness für Beruf und Karriere
- Gedächtnistraining
- Glück!
- IQ-Tests
- Knigge für Beruf und Karriere
- Knigge fürs Ausland
- Kreativitätstechniken
- Manipulationstechniken
- Mind Mapping
- NLP
- Persönliche Situationen meistern
- Schneller lesen
- Selbstmanagement
- Sich durchsetzen
- Soft Skills
- Stress ade
- Verhandeln
- Yoga für Beruf und privat
- Zeitmanagement